Collection
PROFIL LITTÉRATURE
dirigée par Georges Décote

Série
PROFIL D'UNE ŒUVRE

Lorenzaccio (1834)

MUSSET

Résumé
Personnages
Thèmes

ROBERT HORVILLE
docteur ès lettres

HATIER

SOMMAIRE

ISBN : 4275-4

Titres à consulter dans le prolongement d'une étude sur *Lorenzaccio*

Sur Musset et son œuvre

– *Histoire de la littérature en France au XIXe siècle* (« Histoire littéraire », **123/124**).
– *Mémento de littérature française* (« Histoire littéraire », **128/129**).

Sur le drame romantique

– *Histoire de la littérature en France au XIXe siècle* (« Histoire littéraire », **123/124**).
– Hugo, *Hernani, Ruy Blas* (« Profil d'une œuvre », **101**, une machine romantique, chap.6).
– *Le théâtre, problématiques essentielles* (« Histoire littéraire », **151/152**, l'époque.romantique, chap.1).

Sur le mal du siècle

– *Mémento de littérature française* (« Histoire littéraire », **128/129**, définition).
– Chateaubriand, *Atala, René, Mémoires d'outre-tombe* (« Profil d'une œuvre » **88**, le mal du siècle romantique, chap.2).
– Musset, *Lorenzaccio* (« 10 textes expliqués », **166**, chap 6 et 10).

Sur le thème du mal

– Baudelaire, *Les Fleurs du Mal* (« 20 poèmes expliqués », **141/142**, « Hymne à la beauté », chap 5).
– *Le théâtre, problématiques essentielles* (« Histoire littéraire », **151/152**, la représentation du mal au théâtre, chap.10).

Fiche Profil

Lorenzaccio (1834)

MUSSET
(1810-1857)

THÉÂTRE DU XIXe s.
DRAME
HISTORIQUE
ROMANTIQUE

RÉSUMÉ

– **Acte I :** Au XVIe siècle, à Florence, cité italienne, règne le duc de Médicis, despote à la vie dépravée, sous l'étroite surveillance du pape et de l'empereur germanique, Charles Quint. Son cousin, être apparemment veule, Lorenzaccio, a un comportement ambigu : il est son compagnon de débauche, tout en entretenant d'étroites relations avec la famille républicaine des Strozzi, ennemie du duc. Par ailleurs, la marquise Cibo, révoltée par la cruauté et la dépravation du duc, espère, grâce à son amour, le convaincre de changer.

– **Acte II :** Pierre Strozzi blesse grièvement un des favoris du duc, Salviati, qui a injurié sa famille. Lorenzaccio, tout en continuant à jouer son rôle de libertin dépravé, projette d'agir contre le duc.

– **Acte III :** Lorenzaccio prépare un guet-apens contre le duc, en l'attirant chez lui, sous le prétexte de lui faire rencontrer sa tante, Catherine Ginori. La marquise Cibo échoue dans ses tentatives de conversion d'Alexandre de Médicis. Louise Strozzi est empoisonnée au cours d'un banquet des républicains.

– **Acte IV :** La marquise Cibo avoue son infidélité à son mari. Philippe Strozzi part en exil ; son fils, Pierre, décide de continuer la lutte. Mais seul Lorenzaccio agit efficacement, en tuant le duc.

– **Acte V :** Tandis qu'un autre tyran remplace le duc, Lorenzaccio, réfugié à Venise, est assassiné.

PERSONNAGES PRINCIPAUX

– **Alexandre de Médicis,** duc de Florence, tyran débauché, à la fois cruel et raffiné.

– **Lorenzaccio,** cousin et favori du duc : il joue le rôle du libertin lâche et veule, pour gagner la confiance de Médicis et pouvoir ainsi organiser un guet-apens contre lui.

– **Philippe Strozzi,** maître à penser et chef des républicains, plus attiré par la réflexion que par l'action.
– **Pierre Strozzi,** fils de Philippe, partisan de l'engagement violent, convaincu que la fin justifie les moyens.
– **Louise Strozzi,** sœur de Pierre, jeune fille pure et réservée, empoisonnée lâchement par les Médicis.
– **La marquise Cibo,** idéaliste et sentimentale, éprise du duc de Médicis qu'elle pense naïvement pouvoir engager sur le chemin de la vertu.

THÈMES

1. La difficulté de trouver le bonheur.
2. Le déchaînement du mal.
3. La relativité des engagements religieux et moraux.
4. Le triomphe de la dissimulation.
5. Les contradictions de l'amour.
6. Les rapports difficiles entre la pensée et l'action.
7. L'alliance du raffinement et de la cruauté.

CLÉS POUR LA LECTURE

1. Un drame romantique : comme les drames romantiques, *Lorenzaccio* mêle sublime et grotesque et met en scène un héros désespéré qui connaîtra, au dénouement, une fin tragique.
2. Une pièce historique : *Lorenzaccio* développe un sujet historique transformé par l'imagination et la sensibilité de l'auteur, multiplie les scènes de rue.
3. Un théâtre de la sensibilité : *Lorenzaccio* est une pièce lyrique, dans laquelle, sous le masque des personnages, Musset exprime sa conception du monde, son mal de vivre, son mal du siècle.

1 Biographie sommaire

La vie brève d'Alfred de Musset (1810-1857) est marquée par les contrastes. Elle comporte deux périodes bien distinctes. De 1810 à 1832, c'est la vie insouciante, c'est l'époque de l'enfance et de l'adolescence heureuses. De 1832 à 1857, c'est, au contraire, le temps des désillusions et de la souffrance.

BONHEUR ET INSOUCIANCE (1810-1832)

Alfred de Musset naît le 11 décembre 1810, à Paris, sous le règne de Napoléon Ier. Après de brillantes études (1819-1830), il s'engage comme employé dans les bureaux d'une entreprise de chauffage. Mais ce jeune homme charmeur et brillant ne se satisfait guère de cette vie laborieuse. Il fréquente les milieux mondains et, attiré par la littérature, il fait bientôt partie du cercle des romantiques. Ses débuts littéraires sont précoces. En 1828, alors qu'il n'a que dix-huit ans, il publie une ballade intitulée *Un rêve* et une traduction des *Confessions d'un mangeur d'opium anglais* de Thomas de Quincey, évocation de la vie d'un drogué qui avait fait scandale lors de sa parution à Londres en 1822.

En 1830, Musset assiste en spectateur intéressé au mouvement révolutionnaire dirigé contre le roi Charles X et constate amèrement que tout cela ne servira qu'à remplacer une royauté par une autre et à installer Louis-Philippe sur le trône. Voilà qui le convainc de l'inutilité de l'action : il s'en souviendra lorsqu'il écrira *Lorenzaccio*.

Les œuvres de cette époque sont caractérisées par une grande virtuosité, par une recherche du brillant, par un goût de l'excès. Ces traits de l'écriture de Musset se retrouvent dans ses premières pièces de théâtre, *La Nuit vénitienne*

(1830), qui connaît un échec cuisant, *La Coupe et les lèvres* et *A quoi rêvent les jeunes filles*. Musset les réunira dans un recueil : *Un spectacle dans un fauteuil* (1832), dont le titre indique clairement que, désormais, il est décidé à écrire ses pièces, non plus pour la représentation, mais pour la lecture.

DÉSILLUSIONS ET SOUFFRANCE (1832-1857)

Deux événements modifient brusquement sa vision du monde. C'est, en 1832, la mort de son père. C'est surtout l'amour tumultueux et malheureux qui le lie, à partir de la fin de l'été 1833, à la romancière George Sand. Cette période troublée donne naissance à cinq pièces majeures, dont fait partie *Lorenzaccio* (1834). *André del Sarto* (1833) met en scène un peintre de la Renaissance italienne aux prises avec les incertitudes de la création. *Les Caprices de Marianne* (1833) sont des cris de protestation contre la fragilité de l'amour. *On ne badine pas avec l'amour* (1834) montre les dangers de la passion. *Fantasio* (1834) représente un jeune homme dont la fantaisie dissimule mal le désenchantement.

Le temps n'apaise pas ce mal de vivre de Musset, qui persiste dans cette écriture empreinte de mélancolie et de désespoir. C'est alors que se situe l'essentiel de son œuvre poétique, cette série des *Nuits* (1835-1837) où il développe les thèmes lyriques de l'amour, de la pureté et de l'inspiration. Dans le même temps, dans des pièces de théâtre comme *Le Chandelier* (1835) ou *Un caprice* (1837), il révèle, sous les apparences de la légèreté, les cruautés et les inconstances de l'amour. C'est également durant cette période qu'il conçoit *La Confession d'un enfant du siècle* (1836), où il exprime son mal de vivre.

Usé, détruit par la boisson, Musset voit, à partir de 1838, son inspiration décliner. Il connaît alors les distinctions officielles : il est nommé chevalier de la Légion d'honneur en 1845 et est admis à l'Académie française en 1852. Et surtout, avant sa mort, il a la satisfaction de voir paraître une édition de l'ensemble de ses œuvres (1840), puis l'édition complète de son théâtre (1853), et de pouvoir enfin assister à la représentation de plusieurs de ses pièces.

2 Les principes du théâtre romantique

Le théâtre romantique correspond à une doctrine cohérente dont les maîtres mots seraient ouverture et liberté. On retrouve les grands principes de cette conception théâtrale sous la plume de nombreux écrivains de l'époque, et notamment dans la préface de *Cromwell* de Victor Hugo, véritable manifeste du théâtre romantique français.

L'OUVERTURE SUR LA VIE

Il s'agit d'abord de sacrifier à la « modernité » et d'élaborer une œuvre qui ne soit pas intemporelle, mais qui convienne à une époque, qui réponde aux besoins et aux aspirations du public contemporain. Stendhal écrit en 1823 :

> Le Romanticisme est l'art de présenter aux peuples les œuvres littéraires qui, dans l'état actuel de leurs habitudes et de leurs croyances, sont susceptibles de leur donner le plus de plaisir possible. Le Classicisme, au contraire, leur présente la littérature qui donnait le plus grand plaisir possible à leurs arrière-grands-pères.
>
> *Racine et Shakespeare.*

Pour parvenir à ce but, il convient de décrire la vie dans la complexité de la réalité quotidienne : le drame doit être « un tableau large de la vie, au lieu du tableau resserré de la catastrophe d'une intrigue » (Vigny, *Lettre à Lord XXX*, 1830). La couleur locale, la vérité historique jouent donc un grand rôle et tendent à substituer le spectacle direct au récit :

> [...] Le drame doit être radicalement imprégné de cette couleur du temps [...]. Le poète doit feuilleter les siècles, interroger les chroniques.
>
> Hugo, préface de *Cromwell*, 1827.

Décrire la vie telle qu'elle est, c'est bien. En rendre compte dans sa totalité, en évitant de privilégier certains éléments au détriment d'autres, c'est encore mieux, tout au moins dans l'optique romantique. En effet, reposant sur une vision globale du monde, le théâtre romantique s'oppose radicalement à la conception classique qui s'attache à la description d'une crise. Il s'agit pour les classiques d'analyser un moment significatif se déroulant dans un milieu dont le caractère neutre exclut le pittoresque et permet au spectateur de fixer toute son attention, non pas sur l'accessoire, sur l'anecdotique, mais sur le permanent, sur le fondamental. Les romantiques s'efforcent, au contraire, en prônant le mélange des tons et des genres, de montrer la complexité de l'existence, de faire ressentir les contradictions qui sont au centre même de la vie. Pour éviter de privilégier une vision unique du monde, ils n'hésitent pas, en particulier, à faire se succéder le grotesque et le sublime :

> Le réel résulte de la combinaison toute naturelle de deux types, le sublime et le grotesque, qui se croisent dans le drame, comme ils se croisent dans la vie et dans la création.
>
> Hugo, préface de *Cromwell.*

De même, l'auteur doit toucher le spectateur dans sa totalité ; il ne doit pas se contenter de faire appel à sa sensibilité, mais doit aussi susciter son intelligence, en faisant passer un « message » philosophique ou moral : « C'est le temps du Drame de la Pensée », s'écrie Vigny dans la préface de *Chatterton* (1835).

L'ASPIRATION À LA LIBERTÉ ARTISTIQUE

Pour mener à bien cette tâche, la liberté de l'art est indispensable. La refuser, c'est aliéner le créateur et trahir la vie. Dans cette optique, il faut résolument rejeter la fameuse règle des trois unités classiques qui imposaient à une action concentrée de se dérouler en un seul lieu et dans les limites des vingt-quatre heures. C'est là, pour les romantiques, une solution créatrice d'invraisemblance et d'absurdité :

Quoi de plus invraisemblable et de plus absurde en effet que ce vestibule [...], lieu banal où nos tragédies ont la complaisance de venir se dérouler, où arrivent, on ne sait comment, les conspirateurs pour déclamer contre le tyran, le tyran pour déclamer contre les conspirateurs [...]. L'action, encadrée de force dans les vingt-quatre heures, est aussi ridicule qu'encadrée dans le vestibule [...]. Verser la même dose de temps à tous les événements ! [...] On rirait d'un cordonnier qui voudrait mettre le même soulier à tous les pieds.

Hugo, préface de *Cromwell.*

pster la vie telle q'elle est et en ne favorisant aucun thème.

succède le grotesq., le sublime

l'auteur doit toucher son spect. ds sa totalité

tout écrit est porteur de sens

l'auteur ne cherche pas seulemt à ns donner du plaisir ms aussi il cherche à ns faire réfléchir intelligt. Car à travers son oe. l'auteur ft passer 1 message philo. ou moral.

3 Histoire de l'œuvre

LES SOURCES HISTORIQUES

Dans *Lorenzaccio*, Musset exploite des faits historiques précis, même si, on le constatera, il les modifie et les dénature quelque peu. L'action de la pièce se déroule à Florence en 1536-1537. Quelle est la situation politique de l'Italie au début de ce second tiers du XVIe siècle ?

Elle est d'une très grande complexité. Le pays n'est pas unifié, mais divisé, émietté en une multiplicité de cités et d'États indépendants. Trois puissances y exercent une influence déterminante : le pape, qui ne joue pas seulement un rôle spirituel, mais qui dispose alors d'une force politique et militaire redoutable ; Charles Quint, empereur germanique, qui possède d'immenses territoires en Europe et en Amérique ; le roi de France, François Ier, adversaire résolu de Charles Quint, qu'il affrontera, notamment en Italie, durant plus de trente ans.

La place de Florence dans ce dispositif est cruciale. D'abord républicaine, elle tombe progressivement sous la coupe de la puissante famille des Médicis. Chassés du pouvoir par les républicains en 1527, les Médicis font un retour triomphal en 1531. C'est qu'ils disposent de deux appuis efficaces : Charles Quint est leur allié et, depuis 1523, c'est un de leurs parents qui est pape sous le nom de Clément VII. Alexandre de Médicis devient duc de Florence et peut désormais exercer sans frein son autorité sur la ville, protégé par Charles Quint qui y installe une garnison. Dans ce contexte, François Ier soutient évidemment les républicains : il les a aidés au cours de leur révolte de 1527 ; il est toujours à leurs côtés après le retour des Médicis.

Et Lorenzaccio ? Fils de Pierre-François de Médicis et cousin d'Alexandre de Médicis, duc de Florence, il pouvait lui aussi prétendre au pouvoir et apparaît donc comme une des victimes de l'opération. Mais surtout, il est attiré par les idées républicaines. Dès lors, le rapport des forces est clair : d'un côté, Alexandre de Médicis soutenu par Charles Quint et, dans une moindre mesure, par le nouveau pape Paul III qui a succédé à Clément VII en 1534 ; de l'autre, les républicains appuyés par François Ier et jouant la carte de Lorenzaccio. Telle est la situation de départ dont découlent les événements : Lorenzaccio va s'efforcer de devenir le favori d'Alexandre de Médicis pour l'attirer dans un guet-apens et le tuer le 6 janvier 1537[1]. Les républicains ne parviendront pas à profiter des circonstances. Côme de Médicis, cousin d'Alexandre, réussira à perpétuer le régime un instant ébranlé. Lorenzaccio, contraint à l'exil, sera assassiné le 26 février 1548.

UNE CONVERGENCE D'INSPIRATIONS

Malgré leur importance dans le développement de l'action, les sources historiques ne peuvent rendre compte de toute la richesse de la conception. *Lorenzaccio* apparaît comme une œuvre composite, lieu de convergence d'inspirations multiples : l'élaboration par Musset de trois plans successifs de la pièce témoigne éloquemment de la difficulté qu'il éprouva à ordonner tous les éléments qu'il voulait y introduire.

Sous l'histoire florentine transparaissent tout d'abord des allusions évidentes à la situation contemporaine de Musset. Indirectement, il dénonce la veulerie et la lâcheté de ses compatriotes uniquement préoccupés de leur bien-être matériel, privés de tout idéal. Plus précisément, il regrette les occasions manquées : les républicains florentins laissant

1. Jusqu'en 1582, le mois de mars était le dernier mois de l'année. Le 6 janvier 1537, dans la datation actuelle, correspond donc au 6 janvier 1536 de l'ancienne datation. C'est pour cette raison que Musset situe le meurtre en 1536. Cela lui permet d'introduire le développement des « six Six » du marchand (V, 5), qui place cet événement sous le signe du chiffre six. Alexandre, après avoir régné six ans, est mort en 1536, le six janvier, à six heures du matin, à l'âge de vingt-six ans, de six blessures.

Côme de Médicis succéder à Alexandre, ce sont un peu les républicains français incapables de profiter de leur victoire et de la chute de Charles X en 1830, impuissants à empêcher le roi bourgeois Louis-Philippe de s'emparer du pouvoir.

Les sources littéraires sont nombreuses : au rôle prépondérant joué par *La Storia fiorentina*, chronique de Varchi du XVIe siècle qui ne fut publiée qu'au XVIIIe siècle, s'ajoute l'influence difficilement appréciable exercée par *Une conspiration en 1537*, sorte de canevas écrit par George Sand sur le même sujet que *Lorenzaccio*. Sous ces deux sources principales court tout un réseau souterrain. Shakespeare et le théâtre romantique allemand fournissent notamment à l'œuvre son atmosphère sombre et son sens des grands mouvements de foule. Et le personnage de Lorenzaccio doit beaucoup au personnage shakespearien, Hamlet qui lui a donné son aspiration à l'absolu, sa persévérance à traquer le mal, sa conviction désespérée selon laquelle il n'est pas possible d'agir sans se salir les mains, cette idée que la pureté perdue ne peut jamais se retrouver.

Enfin, bien sûr, *Lorenzaccio* est empli de la sensibilité de Musset, de cette sensibilité à fleur de peau qui commence à le marquer dans ces années 1830.

1833-1834 : UNE GESTATION DOULOUREUSE

Lorsque, en 1833, Musset entreprend la rédaction de *Lorenzaccio*, qui passe, à juste titre, pour être son chef-d'œuvre théâtral, il a vingt-trois ans. Il est donc en pleine jeunesse, mais déjà à la moitié de sa brève existence qui s'achèvera vingt-quatre ans plus tard. Une époque de sa vie vient de se terminer, celle de l'enfance studieuse et de l'adolescence agitée et insouciante, la période de formation et de dandysme, le temps de la production brillante, mais un peu superficielle, qui le fait considérer comme « l'enfant terrible » du romantisme.

George Sand va se charger de lui faire connaître à satiété l'agitation, les désillusions, les retournements de la passion.

C'est durant l'été 1833 qu'il fera sa connaissance ; c'est en décembre qu'ils partent tous deux en Italie où se nouera le drame. Après avoir parcouru le pays et s'être notamment arrêtés à Florence, ils arrivent à Venise. En janvier 1834, le poète y tombe gravement malade et voit s'ajouter à la souffrance physique la torture morale d'assister à la liaison de George Sand avec son propre médecin, le docteur Pagello. Ce sont des scènes interminables et sans cesse renouvelées ; et finalement, le 29 mars, Musset, vaincu, quitte Venise et rentre à Paris. C'est dans ce contexte tour à tour passionné et douloureux que seront écrites trois de ses œuvres majeures : *Fantasio, On ne badine pas avec l'amour* et *Lorenzaccio,* à l'atmosphère sombre entrecoupée de quelques échappées de lumière.

Une lettre envoyée par Musset le 27 janvier 1834 à Buloz, le directeur de la *Revue des deux mondes*, prouve que *Lorenzaccio* est achevé avant le départ pour l'Italie et la rupture avec George Sand : aussi l'œuvre présente-t-elle, par endroits, une vision du monde qui n'est pas totalement obscurcie par le désespoir. La pièce sera publiée en août 1834 dans la nouvelle édition en deux volumes d'*Un spectacle dans un fauteuil.* Après l'échec de la création de *La Nuit vénitienne* en 1830, Musset s'était juré de ne plus faire représenter ses pièces. L'élaboration même de *Lorenzaccio,* conçu pour être lu et non pour être joué, aurait créé d'ailleurs des difficultés de mise en scène. Et les allusions politiques indirectes à la France de 1830 constituaient un obstacle supplémentaire. Aucune représentation n'eut donc lieu du vivant de Musset. La première ne fut donnée qu'en 1896, avec Sarah Bernhardt dans le rôle de Lorenzaccio (voir p. 75).

4 Résumé de la pièce

ACTE I

[Florence : les forces en présence[1]]

Dans ce premier acte, Musset poursuit un double but : procéder à un vaste panorama historique des mœurs florentines ; situer les personnages sur l'échiquier politique, tout en laissant planer l'ambiguïté sur Lorenzaccio.

Scène 1 : Après une longue attente par un clair de lune romantique, le duc de Médicis, son écuyer et Lorenzaccio enlèvent une jeune fille qu'ils ont débauchée à prix d'or. Son frère qui essayait de s'opposer au rapt est désarmé.

Scène 2 : Scène de fête et de foule et conversations séparées : les écoliers ne voient que le côté pittoresque et amusant de cette richesse étalée ; le marchand se réjouit, car les fêtes font marcher le commerce ; l'orfèvre s'élève contre l'oisiveté des grands qui ne paient pas toujours leurs dettes, et contre l'occupation étrangère qui pèse sur la cité ; enfin, élément important pour le déroulement de l'action, Julien Salviati, favori du duc, poursuit de ses grossières assiduités Louise, de la famille républicaine des Strozzi.

Scène 3 : C'est ici qu'intervient le début de l'intrigue qui va lier, un moment, la marquise Cibo et le duc. Le cardinal Cibo, qui a intercepté la correspondance de sa belle-sœur, est au courant de cet amour naissant. Voilà qui permet à Musset de souligner les contradictions de la femme et d'insister sur les dangers de la sensibilité. La construction, tout en antithèses, oppose aux couleurs pastel de la scène d'in-

1. Les titres des actes ont été ajoutés par l'auteur du Profil.

térieur baignée de larmes et de tendres réminiscences entre le marquis, sa femme et leur fils, le machiavélisme du cardinal et ses propos cyniques sur la réalité qu'il vient de découvrir.

Scène 4 : De la maison des Cibo, nous voici transportés auprès du duc de Médicis. Le duc prend la défense de Lorenzo qui a été mis en cause par Sire Maurice, un des membres de son conseil et par le cardinal Cibo. Le pape, disent-ils, reproche à Lorenzo d'être un débauché ? Qu'il pense donc à son propre fils, Pierre Farnèse[1]. Ils insinuent que Lorenzo n'est pas politiquement sûr ? Que chacun sache qu'il sert d'indicateur et qu'il fournit de nombreux renseignements sur les républicains. Lorenzaccio, survenu sur ces entrefaites et provoqué en duel par Sire Maurice qu'il a outragé, confirme le duc dans son opinion ; il s'évanouit à la vue de l'épée, ce qui lui vaut ces railleries : « Allons ! chère Lorenzetta, fais-toi emporter chez ta mère. »

Scène 5 : Cette scène est le pendant de la scène 2 : la première partie, consacrée à ces grands mouvements de foule qu'affectionne Musset, brosse le tableau de Florence divisée, comme le montrent les conversations des pèlerins devant l'église de Saint-Miniato, entre les soutiens du pouvoir et les républicains.

La seconde partie concerne directement l'action. Il s'agit d'une véritable provocation : Salviati, un des favoris du duc, affirme au prieur, un des fils du républicain Strozzi, que sa sœur Louise a promis de lui accorder ses faveurs.

Scène 6 : Là encore, Musset lie situation individuelle et situation collective : d'une part, il met en scène une conversation entre la mère de Lorenzo, Marie Soderini, et sa tante, Catherine, qui déplorent sa lâcheté et sa conduite ambiguë envers les républicains ; parallèlement, il brosse une description d'ensemble, et présente en train de quitter Florence ceux qui ont peut-être été bannis sur dénonciation de Lorenzo.

---

1. Pierre Farnèse était le fils naturel du pape.

ACTE II

[La confusion des opinions et des sentiments]

Dans cet acte, éclate toute l'ambiguïté des rapports entre le pouvoir en place et ses adversaires, tandis que sont posées les contradictions entre la pensée et l'action.

Scène 1 : Dans cette scène, pour la première fois dans *Lorenzaccio*, Musset se penche sur les contradictions qui caractérisent souvent l'activité politique. Nous sommes chez les républicains Strozzi. Le père, Philippe, exprime son désarroi dans un monologue : comme beaucoup de penseurs, il appréhende difficilement le concret.

Deux de ses fils, le prieur et Pierre, font leur entrée, et une conversation s'engage sur la provocation dont a été victime Louise, ce qui permet de dégager trois attitudes différentes devant l'action : le prieur, c'est l'oubli raisonnable (« Allons, voilà qui est fait, je n'y penserai pas davantage ») ; Philippe Strozzi, c'est la prudence réfléchie (« Allons, dit-il à Pierre, es-tu fait de salpêtre[1] ? Qu'as-tu à faire de cette épée ? ») ; Pierre Strozzi, c'est l'activisme irresponsable (« c'est-à-dire, que cela me démange de lui couper les oreilles »).

Scène 2 : Cette scène peut paraître extérieure à l'action. Mais si Musset ouvre une parenthèse pour exprimer sa conception de l'art, il n'en oublie pas pour autant les nécessités de l'intrigue, et se sert de cet exposé pour mieux dégager la personnalité de Lorenzaccio. Le décor représente le portail d'une église. Une conversation s'engage entre Lorenzaccio, Valori (commissaire apostolique) et le peintre Tebaldeo Freccia. Valori insiste sur la signification esthétique de la religion (« L'artiste ne trouverait-il pas là le paradis de son cœur ? ») ; Tebaldeo considère l'art comme une activité complète qui fait appel à la fois à la piété, à l'imagination, au patriotisme, à la souffrance et à la liberté ; Lorenzaccio, après avoir exprimé son nihilisme, invite le peintre à venir, le

1. « Es-tu fait de salpêtre ? » : es-tu prêt à t'enflammer au premier instant ? Le salpêtre était l'un des trois composants de la poudre à canon.

lendemain, au palais du duc, « faire un tableau d'importance ».

Scène 3 : L'action se déroule, à nouveau, chez la marquise Cibo. Le cardinal est bien décidé à profiter de ses fonctions de confesseur pour connaître l'évolution de l'intrigue amoureuse qui lie sa belle-sœur au duc de Médicis : dévoué à l'empereur Charles Quint et au pape, il pense exploiter la situation dans des buts politiques, faire pression sur Alexandre de Médicis pour l'amener à renforcer ses liens avec eux. La marquise, après avoir reconnu en confession qu'elle a donné un rendez-vous au duc, se demande si l'action qu'elle mène est inspirée par l'amour ou par son attachement à Florence (« Et pourquoi est-ce que tu te mêles à tout cela, toi, Florence ? Qui est-ce donc que j'aime ? Est-ce toi ? Est-ce lui ? »).

Scène 4 : L'ambiguïté de Lorenzaccio est portée ici à son comble. Au début de la scène, il s'entretient avec Marie et Catherine, sa mère et sa tante, et achève cette conversation en annonçant un événement qui « étonnera ». Arrivent deux républicains, Bindo et Venturi, qui le prient avec insistance de préciser ses positions. Cette discussion est interrompue par l'intrusion inattendue d'Alexandre de Médicis qui accorde aux deux hommes les faveurs malicieusement sollicitées pour eux par Lorenzaccio : l'expérience est concluante, ils acceptent, malgré les protestations de principe prononcées, précaution oblige, à voix basse. La scène s'achève sur la demande du duc à Lorenzaccio de lui présenter sa tante dont il a admiré la beauté. Et Lorenzaccio part pour la maison des Strozzi, en apportant ces précisions pleines de sous-entendus : « Si vous saviez comme cela est aisé de mentir impudemment au nez d'un butor[1] ! »

Scène 5 : L'atmosphère est dramatique dans le palais de la famille républicaine des Strozzi. Philippe Strozzi, son fils le prieur, et sa fille Louise, attendent, dans l'angoisse, en compagnie de Lorenzaccio, le retour de Pierre Strozzi qu'ils savent décidé à venger l'affront fait à Louise par Julien

1. Personne grossière, sans délicatesse.

Salviati, favori du duc. L'arrivée de Pierre justifie ces appréhensions : il vient, dit-il, de tuer Salviati.

Scène 6 : Au palais ducal. Un mélange bien dosé de raffinement et de sauvagerie, de luxe et de cruauté : Giomo, protégé du duc, chante une chanson tendre, et vient de tuer un jeune garçon du voisinage ; le duc se fait faire son portrait par Tebaldeo, et parle de sa cotte de mailles. Un pas important pour la progression de l'action : Lorenzo subtilise la cotte de mailles du duc et lui annonce que sa tante, Catherine, accepte le rendez-vous qu'il a sollicité de sa part.

Scène 7 : Salviati, gravement blessé, vient réclamer justice au duc qui termine l'acte sur ces paroles pleines de menaces : « Par Hercule ! les meurtriers passeront la nuit en prison, et on les pendra demain matin. »

ACTE III

[La préparation du meurtre]

C'est le tournant de l'action : alors que les différentes tentatives des républicains sont brisées, Lorenzaccio révèle sa véritable personnalité et met au point son plan.

Scène 1 : Dans sa chambre, Lorenzo se livre avec le spadassin[1] Scoronconcolo à un jeu étrange : cris, appels au secours, le vacarme est épouvantable. Le but ? Habituer les voisins à ces scènes de meurtre. La raison ? Lorenzo l'indique clairement à Scoronconcolo : « Tu as deviné mon mal, j'ai un ennemi. Mais pour lui je ne me servirai pas d'une épée qui ait servi pour d'autres. Celle qui le tuera n'aura ici-bas qu'un baptême ; elle gardera son nom. » C'est un assassinat qui se prépare.

Scène 2 : Le père, Philippe, et le fils, Pierre, s'affrontent au palais des Strozzi, l'un préférant l'action réfléchie et l'autre l'action immédiate. Le père se laisse finalement

1. Homme d'épée, homme de main, assassin à gages.

convaincre : il accompagne alors son fils chez les Pazzi où a lieu une réunion des républicains.

Scène 3 : Il s'agit là de la partie centrale de la pièce, par la position qu'elle occupe au début de l'acte III, par sa longueur qui en fait un véritable morceau de bravoure et, surtout, par les réflexions qu'elle développe. La scène se déroule dans la rue et débute par l'arrestation de Pierre et Thomas Strozzi, malgré les protestations de leur père, Philippe, et des passants. Après un monologue dans lequel il désespère de son bon droit, Philippe Strozzi engage un long dialogue avec Lorenzaccio. Ce dernier explique le danger de l'idéal et l'inanité d'une action dont les résultats seront de toute manière trahis par ceux à qui elle devrait profiter. Il se montre alors sous son véritable visage : celui d'un jeune homme qui a tout sacrifié à ses aspirations à la justice et à la liberté, et surtout sa pureté, salie irrémédiablement par sa vie de débauche au côté du duc. Lorenzo « glisse depuis deux ans sur un rocher taillé à pic », si bien que le meurtre du duc est « le seul brin d'herbe » auquel il puisse se raccrocher.

Scène 4 : Au palais Soderini, Catherine, tante de Lorenzo, lit à Marie une lettre du duc demandant un rendez-vous. Il apparaît que Lorenzaccio a joué auprès de sa tante le rôle d'entremetteur, ce qui plonge sa mère dans le désespoir.

Scène 5 : La marquise Cibo, un instant interrompue par le cardinal, qui rôde comme un « vautour à tête chauve », se prépare à recevoir le duc, partagée entre la curiosité et l'angoisse.

Scène 6 : Dans son boudoir, la marquise Cibo essaie de persuader le duc de changer ses principes de gouvernement, en faisant triompher la liberté et en travaillant au bonheur du peuple. Mais Alexandre de Médicis ne se laisse pas convaincre : ce qui le préoccupe, c'est de tirer le plus d'argent possible de ses sujets. Ce qu'il demande à la marquise, c'est de se contenter d'utiliser la séduction de son corps, c'est de jouer son « petit rôle de femme, et de vraie femme ». C'est donc l'échec politique sanctionné par le départ du duc dont le cardinal est témoin. C'est aussi la tragédie personnelle de la marquise qui, un peu tard, exprime son désespoir, à la pensée d'avoir « voué au ridicule » son mari Laurent.

Scène 7 : Chez les Strozzi, c'est un véritable conseil de guerre. Philippe, mis hors de lui par l'arrestation de ses fils, est enfin décidé à passer à l'action. Les convives boivent « À la mort des Médicis ! », lorsqu'éclate le drame : Louise tombe morte, empoisonnée. Le coup est trop rude pour Philippe qui, à demi fou, abandonne toutes ses résolutions, et ne trouve qu'à répéter : « Dieu de justice ! Dieu de justice ! que t'ai-je fait ? »

ACTE IV

[L'exécution du meurtre]

Face à l'impuissance des républicains, Lorenzaccio passe enfin à l'action : il attire le duc dans un guet-apens et l'assassine.

Scène 1 : Le fauve : le duc ; le chasseur : Lorenzaccio ; l'aide : Scoronconcolo ; l'appât : Catherine ; les précautions : le vol de la cotte de mailles ; le lieu : la chambre de Lorenzaccio. Tout est prêt pour le meurtre.

Scène 2 : Les deux frères de Louise Strozzi, libérés, apprennent la mort de leur sœur. Pierre clame sa fureur et ses désirs de vengeance : « Venez, venez, avant que je perde la force. Ne me dites pas un mot ; il s'agit là d'une vengeance, voyez-vous ! telle que la colère céleste n'en a pas rêvé. »

Scène 3 : Après avoir donné rendez-vous à Scoronconcolo pour minuit, Lorenzaccio s'interroge sur son rôle : « Suis-je le bras de Dieu ? Y a-t-il une nuée au-dessus de ma tête ? Quand j'entrerai dans cette chambre, et que je voudrai tirer mon épée du fourreau, j'ai peur de tirer l'épée flamboyante de l'archange et de tomber en cendres sur ma proie. »

Scène 4 : Le cardinal Cibo révèle tout son machiavélisme : après avoir averti la marquise qu'il est au courant de ses relations avec Alexandre, il lui met le marché en main : ou bien, elle fait tous ses efforts pour demeurer la maîtresse en titre du duc et il se sert d'elle pour réaliser ses desseins politiques ; ou bien, elle refuse et il la dénonce à son mari. Mais c'est la marquise, repoussant enfin la compromission, qui avouera tout à son époux : « Laurent, pendant que vous étiez à Massa, je me suis livrée à Alexandre [...] sachant qui il était, et quel rôle misérable j'allais jouer. »

Scène 5 : Lorenzo, dans sa chambre, met la dernière main aux préparatifs du meurtre, lorsqu'arrive Catherine. Elle lui parle des propositions du duc. Il exprime alors, presque malgré lui, des doutes sur la pureté de sa tante et constate, après son départ, que la débauche est installée en lui, que la souillure est indélébile : « Le vice, comme la robe de Déjanire[1], s'est-il si profondément incorporé à mes fibres, que je ne puisse plus répondre de ma langue, et que l'air qui sort de mes lèvres se fasse ruffian malgré moi ? »

Scène 6 : C'est à nouveau le problème de l'action qui est posé dans cette scène. Après l'enterrement de Louise, Pierre Strozzi apporte à Philippe une lettre de François Ier qui lui propose son secours. Tandis que le père refuse ce qu'il considère comme une trahison, le fils ne craint pas de se salir les mains. C'est la rupture.

Scène 7 : Lorenzaccio frappe aux portes des palais du bord de l'Arno, fleuve qui baigne Florence, pour annoncer l'assassinat prochain du duc et amener ainsi les républicains à agir. Il n'est pas pris au sérieux et ne peut que se lamenter : « Pauvre Florence ! pauvre Florence ! »

Scène 8 : Pierre Strozzi, n'arrivant pas à convaincre les bannis d'agir sans Philippe, s'en va sur ces menaces adressées à l'un d'entre eux : « Va au diable, canaille ! et dis à tes confédérés que, s'ils ne veulent pas de moi, le roi de France en veut, lui ! et qu'ils prennent garde qu'on ne me donne la main haute sur vous tous ! »

Scène 9 : C'est la nuit ; sur une place, Lorenzaccio attend, avec impatience et angoisse, le moment du meurtre. Dans un long monologue, passant sans cesse d'un sujet à

1. Déjanire causa la mort de son mari Héraclès, en lui faisant revêtir une tunique empoisonnée qui s'incrusta dans son corps.

l'autre, à la recherche de son équilibre, il procède à une véritable répétition de la scène tragique qui va se dérouler, tout en se remémorant les souvenirs de sa jeunesse paisible.

Scène 10 : Au palais ducal, le bruit des démarches entreprises par Lorenzaccio se répand. Le duc attribue l'attitude du jeune homme à l'ivresse et n'hésite pas à partir avec lui, lorsqu'il vient le chercher à minuit pour le rendez-vous avec Catherine.

Scène 11 : Le duc, arrivé chez Lorenzo, se couche. Et c'est l'assassinat, qui effraie Scoronconcolo, lorsqu'il s'aperçoit de l'identité du mort, mais qui libère l'assassin en lui faisant retrouver une certaine pureté : « Que le vent du soir est doux et embaumé ! Comme les fleurs des prairies s'entrouvrent ! Ô nature magnifique, ô éternel repos ! »

ACTE V

[L'échec]

Les républicains sont impuissants à exploiter l'assassinat du duc. La tyrannie se maintient à Florence : c'est l'échec de l'action de Lorenzaccio qui cherche la mort et la trouve.

Scène 1 : Grand remue-ménage au palais ducal le lendemain matin. Le duc a disparu : le bruit de sa mort se répand. On décide de taire la nouvelle, afin de prendre toutes les dispositions utiles : les visiteurs sont renvoyés ; le peuple est apaisé par des distributions de vivres. Les discussions sur la succession vont leur train : les propositions les plus saugrenues sont avancées. Le cardinal Cibo, qui a visiblement la situation en main, fait finalement élire Côme de Médicis, cousin du duc assassiné. Vettori tire la leçon des événements et de l'apparente improvisation si bien orchestrée par le cardinal : « Que voulez-vous ? – notre vote est fait, et il est probable qu'il acceptera.– Tout cela est étourdissant. »

Scène 2 : À Venise, Philippe Strozzi déplore que Pierre ait accepté l'offre de s'allier avec François Ier. Lorenzo lui apprend la mort du duc, mais lui prédit l'inaction des républicains : la proclamation qui met sa tête à prix confirme ses craintes.

Scène 3 : Le marquis Cibo se promène dans une rue de Florence avec sa femme, ce qui provoque les commentaires de deux gentilshommes.

Scène 4 : Pierre Strozzi est bien décidé à profiter des circonstances : « Quoi qu'il en soit, une route s'ouvre devant moi, sur laquelle il y a plus de bons grains que de poussière. »

Scène 5 : Dans les rues de Florence, l'effervescence s'apaise. Tout n'est plus que mots : le marchand fait remarquer à l'orfèvre que la mort du duc est placée sous le signe du chiffre six ; l'orfèvre déplore que l'occasion n'ait pas été saisie par les républicains ; le petit Strozzi et le petit Salviati se disputent, continuant la querelle qui oppose leurs deux familles, tandis que leurs précepteurs dissertent.

Scène 6 : La scène est à nouveau chez Philippe Strozzi, à Venise. Lorenzo vient d'apprendre la mort de sa mère. Après des paroles désabusées sur lui-même et sur ses semblables, il sort, malgré les conseils de prudence de Philippe, se fait tuer par la foule et jeter dans la lagune.

Scène 7 : Sur la grande place de Florence, Côme de Médicis, couronné duc par le cardinal, prononce le discours d'usage.

5 Lorenzaccio et la difficulté de vivre

Lorenzaccio domine la pièce de sa forte présence. Personnage complexe en quête de son identité, être pur englué malgré lui dans la débauche, il est habité par Musset dont il apparaît comme une sorte de double.

UN ÊTRE MULTIPLE

Ce qui frappe, avant tout, dans la personnalité de Lorenzaccio, c'est son ambiguïté. Il ne cesse d'offrir de lui-même une image brouillée, instable. En quête d'une identité, il ne parvient pas à trouver son équilibre psychique.

Ce caractère trouble du personnage se trouve concrétisé, de manière significative, par les différents noms qu'il reçoit tout au cours de la pièce : « Lorenzo de Médicis » (le duc, acte I, scène 4), c'est le nom prestigieux du descendant d'une famille noble ; « Lorenzino » (Marie, acte II, scène 4), c'est le nom tendre utilisé pour l'enfant d'autrefois ; « Renzino » (le duc, acte II, scène 4), c'est le surnom trop familier donné au compagnon de débauche ; « Lorenzetta » (le duc, acte I, scène 4), c'est le diminutif ambigu qui convient à l'être efféminé ; « Lorenzaccio » (Lorenzo, acte III, scène 3), c'est le terme péjoratif qui s'applique à l'individu dangereux maudit par les gens honnêtes. Que de masques placés tour à tour sur le visage ! Que de personnalités successivement endossées ! Quel risque encouru d'y laisser son identité ! Lorenzaccio, à jouer ainsi avec les apparences, en perd son âme.

DE LA PURETÉ À LA DÉBAUCHE

L'ambiguïté de Lorenzaccio est celle du héros romantique. Il en a le physique. C'est un être frêle, fragile, dont la vie de débauche n'a pas totalement fané une grâce un peu féminine. C'est un séducteur, écartelé entre les aspirations à l'idéal et l'attirance pour les plaisirs, une sorte d'ange déchu qui garde la nostalgie de l'innocence perdue.

Toute sa morale, tout son comportement sont marqués par cette contradiction. Il est tourné vers le beau et vers le bien, mais constate avec horreur que ce ne sont guère là des valeurs terrestres. Il en éprouve un grand désespoir. Il témoigne de ce mal du siècle, de cette difficulté d'être d'une génération romantique consciente de l'absurdité du monde, de la perversion de l'homme. Il a utilisé la débauche pour approcher Alexandre de Médicis, afin de pouvoir mieux le tuer et ainsi atteindre le but qu'il s'est fixé. Mais les plaisirs lui sont devenus peu à peu indispensables : ce sont maintenant pour lui des moyens d'évasion destinés à lui faire oublier son irrémédiable déchéance.

Lorenzaccio est un jeune homme pur et tranquille qui, brusquement saisi par le spectacle de l'impuissance et de la médiocrité humaines, a entrepris de régénérer l'humanité. Il est décidé à agir seul, envers et contre tout, envers et contre tous, à utiliser tous les moyens pour parvenir à ses fins. Il est résolu à lancer un véritable défi au monde.

Mais il succombe sous l'ampleur d'une tâche surhumaine. Il s'écroule, miné par la démesure de son dessein, contesté par les procédés qu'il est contraint d'utiliser, finalement tué par l'inutilité de son geste. Il sait, à l'avance, dans quelle impasse il s'est engagé, il le dit avec une lucidité amère :

> Je voulais agir seul, sans le secours d'aucun homme. Je travaillais pour l'humanité ; mais mon orgueil restait solitaire au milieu de tous mes rêves philanthropiques [...]. Je ne voulais pas soulever les masses, ni conquérir la gloire bavarde d'un paralytique comme Cicéron. Je voulais [...] porter mon épée sanglante sur la tribune, et laisser la fumée du sang d'Alexandre monter au nez des harangueurs, pour réchauffer leur cervelle ampoulée [...]. Tout ce que j'ai à voir, moi, c'est que je suis perdu, et que les hommes n'en profiteront pas plus qu'ils ne me comprendront.

Acte III, scène 3.

UN PERSONNAGE HABITÉ PAR MUSSET

Lorenzaccio fait partie de ces nombreux personnages de théâtre habités par Musset. Ce n'est pas une construction abstraite, mais un reflet de l'auteur, un double qui lui ressemble comme un frère. C'est, en fait, son porte-parole auquel il transmet ses états d'âme, à travers lequel il exprime sa vision du monde. Lorenzaccio, c'est un peu le Musset réprouvé qui regrette sa pureté évanouie. Et l'auteur pourrait reprendre à son compte la conception de l'existence, les idées exprimées par son personnage. L'un et l'autre sont conscients de l'inutilité de l'action qui, par ailleurs, ne peut que conduire à la compromission et ternir l'idéal : Philippe, le penseur, a « les mains pures », parce qu'il n'agit pas, tandis que Lorenzo a goûté à cette « vilaine cuisine » de l'engagement (acte III, scène 3). Ils voient, l'un et l'autre, dans la création, l'image contradictoire de la perfection et de l'abjection, que symbolise le chien, tel qu'il est évoqué par Lorenzaccio à la scène 3 de l'acte III :

> Un chien est un ami fidèle ; on peut trouver en lui le meilleur des serviteurs, comme on peut voir aussi qu'il se roule sur les cadavres, et que la langue avec laquelle il lèche son maître sent la charogne d'une lieue.

Et on pourrait multiplier les exemples de cette identification de Musset à son personnage. Elle est particulièrement manifeste dans le style qu'il lui prête. Lorenzaccio utilise cette expression somptueuse et sensible que l'on retrouve dans la poésie de Musset. Alors que l'écriture théâtrale est, par nature, impersonnelle, parce qu'elle ne donne la parole qu'aux personnages et ne permet pas à l'auteur d'intervenir directement, les propos de Lorenzaccio sont empreints de lyrisme, parce qu'à travers lui Musset fait entendre ses cris de souffrance, manifeste ses sentiments.

6 De nombreux personnages-symboles

Autour de la figure centrale de la pièce que représente Lorenzaccio, gravitent un très grand nombre de personnages. Musset s'est davantage intéressé à leur signification symbolique qu'aux aspects particuliers de leur personnalité. Il les peint souvent à grands traits, pour en faire des représentants significatifs d'une attitude, d'un comportement, d'une conception du monde. Au nombre de trente-neuf précisément dénommés, auxquels viennent s'ajouter des dizaines de figurants, ils se définissent par rapport à l'action de Lorenzaccio, mais aussi par rapport à Florence, dont Musset a fait une « ville-personnage ». Ils peuvent être classés en quatre grandes catégories : les membres de la famille des Médicis au pouvoir et leur entourage ; le camp des républicains ; la famille Cibo ; les personnages divers.

FLORENCE, UNE « VILLE-PERSONNAGE »

Face à Lorenzaccio, le personnage le plus important c'est Florence. La ville est l'enjeu du combat engagé. Elle est au centre de la lutte menée entre les partisans de la liberté et ceux de la tyrannie. Elle est l'objet de toutes les convoitises, le siège du beau et du laid, du bien et du mal, elle suscite l'amour et la haine.

Musset s'est plu à la décrire dans toute sa complexité. Il en fait un être vivant, un être de chair. La ville est au cœur de sa pièce. Ce n'est pas surprenant chez ce romantique qui se sentait en communion avec la Renaissance italienne. Mais il s'agit d'une Renaissance italienne transposée, repensée, dont les caractères sont accentués, les contrastes forcés. Cet appel venu du sud, auquel répond toute une génération, revêt une signification véritablement symbolique : partir pour l'Italie, c'est rechercher la luminosité de cieux toujours bleus ; c'est aspirer à une vie libre, sans contrainte ; c'est se plonger dans les délices de l'art ; c'est se retremper dans une civilisation dont on admire le raffinement, et dont on se défend à peine de ressentir la cruauté avec une délectation morbide, cette cruauté qui témoigne d'un accomplissement sans frein des désirs, d'une exaltation dans la démesure.

C'est cette vision que Musset essaie de faire passer. Une contradiction secondaire, mais significative, témoigne de ce véritable envoûtement, de cette image d'Épinal que l'Italie représente pour lui : l'action se déroule en hiver (du 29 décembre au 7 janvier). Le climat de Florence n'a rien de méditerranéen. Certes, quelques indications, qui témoignent d'un souci de vérité, viennent le souligner (le duc : « Il fait un froid de tous les diables », acte I, scène 1 ; premier écolier : « Mon portefeuille me glace les mains », acte I, scène 2 ; la marquise : « L'hiver est si long ! », acte I, scène 3). Mais l'ambiance générale est ensoleillée et évoque l'été : le duc Alexandre reçoit ses visiteurs sur une terrasse (acte I, scène 4) ; la foule converse devant l'église de Saint-Miniato (acte I, scène 5) ; l'orfèvre et le marchand s'entretiennent, assis en plein air (acte V, scène 5).

En fait, si Musset part de données réelles, son imagination ne cesse de les transformer, de les interpréter. Ainsi multiplie-t-il les évocations d'un peuple coloré. Ainsi éprouve-t-il le besoin d'évoquer fugitivement des figures historiques de l'époque comme celle de « ce hâbleur de Cellini », le célèbre sculpteur (acte I, scène 5), et de camper beaucoup plus longuement le peintre Tebaldeo Freccia qui expose sa conception de la création (acte II, scène 2). Ainsi s'efforce-t-il de marquer les oppositions entre les prétentions au raffinement du duc, qui se manifestent par un goût barbare du faste, et son mépris de l'art :

> Je protège les arts comme un autre, et j'ai chez moi les premiers artistes de l'Italie ; mais je n'entends rien au respect du pape pour ces statues qu'il excommunierait demain, si elles étaient en chair et en os.
>
> Acte I, scène 4.

LES MÉDICIS, UNE FAMILLE DIVISÉE

L'ambiguïté qui marque la ville de Florence se retrouve dans la famille des Médicis, partagée, elle aussi, entre le bien et le mal. Cette division se concrétise dans l'affrontement, d'abord souterrain, puis exposé au grand jour, qui oppose les deux cousins, Lorenzo et Alexandre. Elle concerne également leur entourage.

Les proches de Lorenzaccio

Trois personnages sont proches de Lorenzaccio. Ils font, en quelque sorte, partie de son camp, même s'ils ne comprennent pas toujours son comportement. Marie Soderini, sa mère, est l'image de la souffrance résignée. Elle ne cesse d'établir des comparaisons entre l'être pur et idéaliste dont son fils offrait jadis l'exemple, et le débauché qu'il est devenu. Elle n'aspire plus qu'à la mort, seule capable de l'arracher à cette dure réalité : « Mais tout ce que je vois m'entraîne vers la tombe », confie-t-elle à sa sœur Catherine à la scène 4 de l'acte III.

La tante de Lorenzaccio, Catherine Ginori, c'est l'innocence intacte. Elle ne peut accepter de voir son neveu sombrer dans la déchéance. Elle espère encore en une rédemption. Elle a une haute idée de l'être humain et s'étonne de la perversion des sentiments ; lorsque Marie lui apprend que le duc n'aime plus la marquise Cibo, elle s'exclame, indignée : « Il ne l'aime plus ? Ah ! comment peut-on offrir sans honte un cœur pareil ! » (acte III, scène 4.)

Le troisième personnage proche de Lorenzaccio est tout différent. Scoronconcolo est un spadassin, un homme de main, tout dévoué à Lorenzaccio, qui a obtenu sa grâce, alors qu'il avait été condamné à mort. D'une grande bravoure, il est d'une fidélité sans faille, presque instinctive envers son maître, auquel le lie la reconnaissance.

Alexandre de Médicis et ses alliés

Alexandre de Médicis joue un rôle essentiel dans la pièce. C'est la cible que vise Lorenzaccio. Il est le symbole du pouvoir dictatorial. C'est un être tout de chair, pour lequel la force représente la valeur privilégiée. C'est avant tout un soldat qui ne se sépare pas de sa cotte de mailles. Il l'a fait fabriquer avec soin, de manière à ce qu'elle lui procure, à la fois, sécurité et confort, comme il le souligne lui-même, en s'adressant à Lorenzaccio :

> Mais c'est du fil d'acier ; la lime la plus aiguë n'en pourrait ronger une maille, et en même temps c'est léger comme de la soie.
> Acte II, scène 6.

La cruauté, mais une cruauté presqu'inconsciente, parce qu'instinctive, accompagne tout naturellement ce culte de la force. Alexandre reconnaît lui-même : « Quand je suis en pointe de gaieté, tous mes moindres coups sont mortels » (acte II, scène 6), et il n'hésite pas à faire empoisonner Louise Strozzi, pour punir les républicains (acte III, scène 7). Cet être impulsif est tourné vers le plaisir, la recherche fruste de la jouissance immédiate, le désir de vivre dans l'instant. Il est attiré par la débauche, ne cherche dans les aventures amoureuses qu'il multiplie qu'une satisfaction des sens ; lorsque la marquise Cibo essaie de modifier son comportement, il lui répond de façon significative :

> Pourquoi diable aussi te mêles-tu de politique ? Allons, allons ! ton petit rôle de femme, et de vraie femme, te va si bien !
> Acte III, scène 6.

Sa conception du pouvoir est tout aussi élémentaire. Il veut l'exercer sans partage, y voyant surtout un moyen de s'enrichir : « Je me soucie de l'impôt ; pourvu qu'on le paie, que m'importe ? », répond-il aux récriminations de la marquise (acte III, scène 6). Et son goût du luxe est un goût de barbare uniquement attaché au clinquant, aux apparences, qui viennent dissimuler la violence et la cruauté ; après avoir évoqué sa cotte de mailles, Lorenzaccio note bien cette sorte de cohabitation de la force brute et du raffinement, lorsqu'il commente : « Votre habit est magnifique. Quel parfum que ces gants ! » (acte II, scène 6).

Les quatre personnages, qui font partie de l'entourage immédiat d'Alexandre, ne sont qu'esquissés. Julien Salviati, le favori, reproduit, en les exagérant encore, les traits de son maître, tandis que le petit Salviati, son fils, qui se dispute avec le petit Strozzi, fils de républicain, montre la permanence des clivages politiques (acte V, scène 5). Giomo, l'âme damnée du duc, représente, quant à lui, la cruauté aveugle, la force brute : « Quand mon Giomo frappe, il frappe ferme », remarque Alexandre à la scène 6 de l'acte II. Enfin Côme de Médicis, le cousin d'Alexandre, proclamé duc à la fin de la pièce (acte V, scène 7), est un être falot qui révèle la continuité inéluctable de la tyrannie.

LE CAMP CONTRASTÉ DES RÉPUBLICAINS

Face à Alexandre, se dresse le camp des républicains. Mais il ne constitue pas un ensemble homogène. Les quatorze personnages qui le composent forment deux groupes bien distincts, la famille Strozzi et les autres républicains. Ils sont, d'autre part, animés de motivations diverses et n'ont pas les mêmes conceptions de l'action politique.

La famille Strozzi

À la tête de la famille Strozzi, Philippe apparaît comme la figure même du penseur. C'est un idéaliste qui a passé sa vie à réfléchir sur les moyens de faire le bonheur de l'homme. Malgré les désillusions qu'il a connues, il continue à croire « à la vertu, à la pudeur et à la liberté » (acte III, scène 3). Sa longue existence, mise au service de la réflexion, ne l'a pas endurci. Sa sensibilité s'est, au contraire, exacerbée au fil des ans, et il ne peut dissimuler sa souffrance, lorsque son fils Pierre est arrêté (acte III, scène 3) ou lorsque sa fille Louise est empoisonnée (acte III, scène 7). Mais cette vie contemplative l'a progressivement coupé de la réalité et de l'action. Tout à ses pensées sublimes, il refuse la compromission, se perd dans une réflexion stérile, dans un idéalisme improductif :

> Qu'il t'est facile à toi, dans le silence du cabinet, de tracer d'une main légère une ligne mince et pure comme un cheveu sur ce papier blanc !
>
> Acte II, scène 1.

Face à lui, son fils, Pierre Strozzi, représente l'activisme irresponsable. Il est prêt à tout pour parvenir à ses buts. Il considère que la fin justifie les moyens. Lorsque son père lui recommande la modération, il répond, de façon significative : « Un bon coup de lance guérit tous les maux » (acte III, scène 2). Son autre fils, Thomas, reproduit, de façon plus modérée, la position de son frère, tandis que Léon Strozzi, prieur de Capoue, son troisième fils, fait entendre la voix de la sagesse et de la retenue, déplorant, à la scène 5 de l'acte II : « Pierre est trop violent. » Quant à sa fille, Louise Strozzi, sa fraîcheur et son innocence ne font qu'aggraver la tentative de Salviati de la déshonorer (acte I, scène 5) et rendre plus odieux son assassinat (acte III, scène 7). Trois derniers personnages viennent compléter cet ensemble : le petit-fils de Philippe, en se disputant avec le petit Salviati, montre la permanence de la haine (acte V, scène 5), tandis que Jean et Pippo, les hommes de confiance de Philippe, symbolisent la fidélité.

Les autres républicains

Les autres républicains ne sont là que pour souligner la difficulté de l'engagement, les limites de l'action politique. Bindo Altoviti et Venturi, malgré leurs convictions républicaines, ne parviennent pas à refuser les faveurs que Lorenzaccio leur fait malicieusement accorder par le duc (acte II, scène 4) et sont donc les symboles mêmes de la compromission. Roberto Corsini, Alammano Salviati et François Pazzi se refusent à croire Lorenzaccio lorsqu'il leur annonce qu'il va assassiner le duc et montrent ainsi leur incapacité à saisir l'occasion au vol (acte IV, scène 7). Enfin, Palla Ruccellaï, membre du Conseil des Huit, ne peut s'opposer qu'en paroles à la décision d'élire un nouveau duc (acte V, scène 1).

LES DÉSUNIONS DE LA FAMILLE CIBO

Quatre personnages font partie de la famille Cibo. Deux d'entre eux jouent un rôle important dans la pièce. La marquise Cibo est l'image même de la sensibilité, mais d'une sensibilité quelque peu dévoyée. Jusque-là fidèle à son mari, elle s'est éprise d'Alexandre. Elle éprouve, pour lui, un amour fait, à la fois, de tendresse et de sensualité et se donne un alibi politique pour justifier cette passion : elle est persuadée qu'elle pourra mettre son amant sur le chemin du bien. C'est avec une délectation un peu perverse que cette femme vertueuse rompt ainsi avec sa vie tranquille pour connaître les sensations piquantes de l'aventure sentimentale. C'est ainsi qu'elle s'étonne avec un certain plaisir à la scène 5 de l'acte III :

> Comment, il est déjà neuf heures, et c'est le duc que j'attends dans cette toilette !

Dans ce jeu, qui mêle amour et politique, le beau-frère de la marquise, le cardinal Cibo, apparaît comme celui qui, dans l'ombre, tire les ficelles. Personnage machiavélique, il est bien décidé à exploiter cette intrigue sentimentale pour soumettre davantage Alexandre au pouvoir du pape et de Charles Quint. Il ne vit que pour l'intrigue politique, ressent une joie sombre à éprouver sa puissance occulte :

> [...] je serai l'anneau invisible qui l'[le duc] attachera, pieds et poings liés, à la chaîne de fer dont Rome et César tiennent les deux bouts.
>
> Acte II, scène 3.

Les deux autres membres de la famille Cibo ont un rôle effacé : le marquis Cibo, qui pardonne à sa femme son infidélité (acte V, scène 3), représente le mari trompé un peu trop complaisant, tandis que leur fils Ascanio, par sa présence innocente à la scène 3 de l'acte I, rend plus grave l'acte de sa mère.

UNE MULTITUDE DE PERSONNAGES DIVERS

Outre ces vingt-six personnages, la pièce contient une multitude de personnages divers. Treize d'entre eux sont individualisés, sont crédités d'un nom. Parmi eux, Tebaldeo, le peintre, occupe une place à part. Il permet à Musset de développer sa conception de l'art. Il symbolise le créateur qui refuse la compromission, qui se fait une haute idée de son rôle, qui, noble et fier, aspire à la liberté : « Je n'appartiens à personne », oppose-t-il aux propositions de Lorenzaccio de le prendre à son service (acte II, scène 2).

Un groupe de sept personnages a pour fonction de montrer la soumission des notables au pouvoir. Ce sont les sept membres du Conseil des Huit, qui, à la scène 1 de l'acte V, envisagent, affolés, les mesures à prendre après la mort d'Alexandre : le chancelier Sire Maurice, Niccolini, Vettori, Capponi, Acciaiuoli, Canigiani et Corsi, hostiles à la solution républicaine, peuvent, à loisir, faire triompher leur vue, un seul membre de leur assemblée, Palla Ruccellaï, s'opposant à leur action. Le cardinal Baccio Valori, envoyé du pape, concrétise sur scène la puissance et l'influence de la papauté, tandis que l'historien Guicciardini, présent à la scène 1 de l'acte V, est là pour porter témoignage des événements. Le page Agnolo, qui espionne la marquise Cibo au profit du cardinal, symbolise l'exploitation de l'innocence mise au service de l'ambition (acte I, scène 3).

Deux personnages, le bourgeois Maffio et sa sœur Gabrielle (acte I, scène 1), que le duc séduit, soulignent la dégradation des mœurs et les abus de pouvoir qui caractérisent la Florence d'Alexandre de Médicis.

Un nombre important de figurants complète cette liste. D'une grande variété, ils permettent d'animer les scènes de rue et de montrer la complexité de la société florentine. Ainsi défilent un orfèvre, un marchand, un officier allemand, un portier, un médecin, un masque, deux dames de la cour, deux cavaliers, deux écoliers, deux gentilshommes, deux précepteurs, les membres de la famille Strozzi, des femmes, des pages, des serviteurs, des courtisans, des moines, des novices, des soldats, des gardes, des bannis, des gens du peuple, des bourgeois, des seigneurs.

7 L'organisation de la pièce : action, lieu, temps

La lecture de *Lorenzaccio* frappe tout d'abord par sa complexité. Enlèvements, duels, empoisonnement et complots, fausse vertu et débauche feinte, désœuvrement efficace et vaine agitation, tourments intérieurs et mouvements de foule, destins individuels et significations symboliques, les thèmes et les intrigues s'enchevêtrent dans les trente-huit scènes des cinq actes de la pièce. Les lieux de l'action se succèdent, prenant place dans vingt décors différents. Dix jours sont nécessaires pour contenir les nombreux événements qui se déroulent. Mais cette confusion n'est qu'apparente. Paradoxalement, ce texte, conçu, à l'origine, pour la lecture, ne prend sa véritable dimension, sa véritable logique qu'à la représentation : grâce au schématisme que créent les conditions du spectacle, les grandes masses s'ordonnent ; l'ensemble trouve son équilibre et son unité, apparaît dans toute sa signification et dans toute sa cohérence.

UNE ACTION COMPLEXE

Le sens de la pièce est clair : sur un fond historique qui plonge le spectateur dans l'Italie du XVIe siècle, s'inscrivent les tentatives pour transformer le système politique en place, pour en finir avec le régime autoritaire qui s'est installé. À ce niveau historique, s'ajoute un niveau philosophique qui amène à poser, sur le plan individuel et collectif, les problèmes de l'action et de la pureté.

C'est dans ce cadre que se développent les intrigues, que l'on appelle encore les fils de la pièce. Elles sont au nombre de cinq : Lorenzaccio (intrigue 1), les républicains, qui se divisent, par la suite, en deux camps, celui de Philippe Strozzi (intrigue 2) et celui de son fils Pierre (intrigue 3), la marquise Cibo (intrigue 4) et la masse anonyme des habitants de Florence (intrigue 5) affrontent, avec des moyens et des objectifs divers, le tyran Alexandre de Médicis.

Faut-il en conclure à une absence d'unité d'action ? Oui, en apparence, d'autant plus que ces cinq intrigues se déroulent de façon relativement autonome. Non, en fait, car des liens viennent les relier : c'est la faillite de l'opposition républicaine organisée qui amène Lorenzaccio et la marquise d'abord, Pierre ensuite, à chercher des formes d'action moins classiques ; c'est l'abandon de la marquise par le duc qui permet à Lorenzaccio d'attirer sa victime dans un piège ; c'est pour les républicains et pour le peuple que Lorenzaccio travaille. Et puis, surtout, il s'agit de cinq tentatives dirigées contre le pouvoir représenté par un obstacle visible, le duc, et par un obstacle occulte, le cardinal Cibo. Il s'agit de cinq formes d'action qui toutes échouent. Chacun de ces cinq fils est conduit avec son exposition, son développement et son dénouement.

Première intrigue : Lorenzaccio et l'engagement total

L'intrigue essentielle est évidemment celle qui concerne Lorenzaccio : c'est lui qui donne son nom à la pièce et il y occupe 17 scènes sur 38[1]. C'est l'histoire de l'engagement total d'un être dans l'action. Pour parvenir à ses fins, pour éliminer le tyran, il ne recule devant rien, il a tout misé, tout sacrifié, jusqu'à sa pureté, et constate avec désespoir qu'il s'est sali les mains, que, dans un souci d'efficacité, il est allé jusqu'à la destruction de ses valeurs les plus chères.

L'exposition, qui consiste à fournir les données nécessaires à la compréhension de la situation, est fort longue (acte I, scènes 1 et 4 ; acte II, scènes 2, 4, 5 et 6 ; acte III,

1. Le total des scènes concernant les différentes intrigues dépasse le nombre de scènes que compte la pièce, parce que souvent plusieurs intrigues prennent place dans la même scène.

scène 1). Elle se prolonge jusqu'au début de l'acte III. Musset entretient savamment le suspense, en maintenant le plus longtemps possible les doutes sur la véritable personnalité de Lorenzaccio. Est-il un débauché, définitivement perverti ? Est-il, au contraire, un être désintéressé qui travaille pour le bonheur de Florence ? Cette ambiguïté ne se dissipe qu'à la scène 1 de l'acte III. Le but que poursuit Lorenzaccio se révèle enfin, lorsqu'il confie à Scoronconcolo : « Tu as deviné mon mal, j'ai un ennemi », et désigne ainsi sa cible, Alexandre de Médicis.

La technique adoptée présente deux particularités qui la distinguent des procédés de l'exposition traditionnelle et créent le dynamisme : Musset utilise l'effet de surprise qui repose sur le jeu des apparences et de la réalité et enchâsse habilement, à l'intérieur de l'exposé des faits, deux données, le vol de la cotte de mailles (acte II, scène 6) et la lutte avec Scoronconcolo (acte III, scène 1), qui entrent déjà dans la conduite de l'intrigue.

Une fois qu'a été indiqué au spectateur tout ce qui est nécessaire à la compréhension des faits, Lorenzaccio va se trouver partagé entre la préparation de son plan (acte IV, scènes 1, 3, 5 et 9), les efforts de dissimulation de son projet au duc (acte IV, scènes 1 et 10) et les avertissements inutiles donnés aux républicains (acte III, scène 3 ; acte IV, scène 7).

Pour animer l'action, trois coups de théâtre interviennent, mais ils ne provoquent pas de rebondissements spectaculaires : à la scène 7 de l'acte IV, le refus des républicains de prendre Lorenzaccio au sérieux n'aura pas d'influence sur l'action entreprise, mais pèsera lourd sur ses conséquences. À la scène 1 de l'acte IV, la méfiance du duc au constat du vol de sa cotte de mailles, enfin, à la scène 10 de l'acte IV, les avertissements du cardinal Cibo auraient pu compromettre le déroulement du plan. Mais il n'en est rien : ces épisodes ne connaissent pas en effet de véritable développement.

L'action ne comporte donc que peu de rebondissements et rend parfaitement compte de la logique implacable avec laquelle Lorenzaccio conduit ses desseins. Trois scènes seulement sont consacrées au dénouement qui se déroule pourtant en deux temps : à la scène 11 de l'acte IV, c'est la disparition de l'obstacle avec l'assassinat du duc ; à la scène

6 de l'acte V, c'est la mort de Lorenzo, dont la tête a été mise à prix (acte V, scène 2).

C'est là une fin significative qui montre que le véritable obstacle, ce n'était pas le duc. Il ne l'était pas politiquement, puisqu'il est aussitôt remplacé. Il ne l'était pas personnellement pour Lorenzaccio, dont le mal est, à l'évidence, tapi au fond même de l'âme.

Deuxième et troisième intrigues : Philippe et Pierre Strozzi, la pensée ou l'action

L'action menée par Philippe et Pierre Strozzi occupe 16 scènes sur les 38 que compte la pièce. Les deux intrigues se développent avec une symétrie parfaite. Elles représentent les deux réponses données par les républicains au pouvoir tyrannique : la patience et le compromis préconisés par le père, Philippe (12 scènes) ; la violence et l'irresponsabilité adoptées par le fils, Pierre (13 scènes)[1].

L'exposition est commune aux deux actions. Elle ne s'étend pas au-delà du premier acte. Elle est dynamique. Elle montre concrètement la situation politique, la lutte sourde qui oppose le régime du duc aux républicains, en mettant en scène des affrontements individuels, comme l'insulte faite à Louise Strozzi par Salviati (acte I, scènes 2 et 5), et la persécution collective symbolisée par le bannissement des opposants (acte I, scène 6).

C'est cet ensemble de données qui entraîne les réactions de Philippe et de Pierre Strozzi. La conduite du père, homme de pensée, philosophe, est marquée par l'indécision, les revirements, mais aussi le désintéressement. Le comportement du fils, homme d'action, est, au contraire, placé sous le signe de la détermination, mais aussi de l'ambition. Partis d'une analyse identique, ils vont donc suivre des chemins totalement différents.

---

1. Souvent, ces deux intrigues prennent place dans les mêmes scènes. C'est pourquoi, l'addition des scènes où elles se développent (25 scènes) dépasse le nombre global de scènes concernant la famille Strozzi (16 scènes).

Contrairement à ce qui se passe pour Lorenzaccio, cette double intrigue est traversée par des coups de théâtre importants : ils soulignent les contradictions entre la conduite du père et celle du fils et influent, de façon différente et même opposée, sur les desseins des deux hommes. L'échec de l'assassinat de Salviati (acte II, scène 7), l'arrestation de Pierre et de Thomas (acte III, scène 3), la mort de Louise (acte III, scène 7), autant de faits, entre autres, qui plongent Philippe dans le désespoir et la résignation, Pierre dans la fureur et le désir de vengeance (acte II, scènes 1 et 5 ; acte III, scènes 2, 3 et 7 ; acte IV, scène 2).

Le dénouement se produit en deux temps. Les deux hommes, dont les conceptions apparaissent irrémédiablement inconciliables, se séparent (acte IV, scène 6) : Philippe se retire à Venise, renonce à l'action et consacre sa vie à l'étude (acte V, scènes 2 et 6), tandis que Pierre, dévoré d'ambition, devient un activiste prêt à tout pour faire triompher sa cause (acte IV, scène 8 ; acte V, scène 4). Mais, pour l'un et l'autre, le couronnement de Côme de Médicis (acte V, scène 7) sonne comme un échec.

Quatrième intrigue : la marquise, ou la voie de la sensibilité

C'est toute sa sensibilité qu'engage la marquise Cibo pour faire pression sur les événements : éprise d'Alexandre de Médicis, elle espère l'amener par la force de son amour à modifier sa politique et à faire triompher la liberté.

Cette intrigue, somme toute accessoire, ne se déroule que sur 6 scènes : une rapide exposition (acte I, scène 3) révèle en action les liens qui existent entre le duc et la marquise. Un développement en 3 scènes raconte l'histoire d'un bref amour traversé par quelques cas de conscience : c'est, à la scène 3 de l'acte II, la confession de la marquise au cardinal, son beau-frère ; à la scène 5 de l'acte III, l'attente angoissée de l'arrivée du duc ; à la scène 6 de l'acte III, l'impossible amour entre deux êtres qui ne peuvent se comprendre.

Le dénouement intervient en deux temps, avec l'aveu de la marquise à son mari (acte IV, scène 4) et la réconciliation finale des deux époux (acte V, scène 3). La mort du duc et l'élection de Côme de Médicis ne sont, à aucun moment, commentées par la marquise : voilà qui souligne que cette aventure politico-amoureuse n'est qu'un épisode accidentel dans sa vie.

Cinquième intrigue : l'impuissance du peuple de Florence

La dernière intrigue est une intrigue collective qui met en scène le peuple de Florence et son impuissance à agir : dans ce cadre, 9 scènes présentent la situation politique globale. L'exposition dépeint le mécontentement général (acte I, scène 2). Puis l'action se développe ; tour à tour, prennent place sur le théâtre la contestation (acte I, scène 5), le bannissement des partisans de la liberté (acte I, scène 6), les protestations de la foule lors de l'arrestation des fils Strozzi (acte III, scène 3), le refus des républicains d'écouter les avertissements de Lorenzo qui constitue un semblant de coup de théâtre (acte IV, scène 7), l'absence de réaction des opposants qui permet aux partisans du pouvoir en place de s'organiser (acte V, scène 1), les commentaires stériles (acte V, scène 5). Toutes ces attitudes laissent présager le dénouement : l'avènement de Côme de Médicis (acte V, scène 7), qui suit l'assassinat de Lorenzaccio (acte V, scène 6).

UN LIEU ÉCLATÉ

Dans *Lorenzaccio*, Musset applique donc une certaine unité d'action, interprétée, il est vrai, dans un sens large, comme la résultante d'éléments convergents. La plupart des systèmes dramatiques s'y conforment d'ailleurs, contraints qu'ils sont de se plier aux nécessités de la représentation qui ne dispose que d'un temps limité et d'une attention relative des spectateurs.

Une telle concentration est loin d'apparaître dans le traitement du lieu. Bien au contraire, l'action de la pièce est marquée par un éclatement local qui aboutit à une multiplicité de décors.

Lorenzaccio se déroule dans cinq lieux principaux : 32 scènes se situent à Florence, 1 à Montolivet, près de Florence, 2 à la campagne, 2 à Venise, 1 dans une auberge. 20 décors sont utilisés, 11 décors extérieurs et 9 décors d'intérieur.

Les 11 décors extérieurs sont le cadre de 17 scènes : une rue (5 scènes), une place (2 scènes), le bord de l'Arno (2 scènes), un jardin (1 scène), une cour du palais du duc (1 scène), le parvis de l'église de Montolivet (1 scène), le portail d'une église (1 scène), une rue située devant le palais du duc (1 scène), une vallée (1 scène), une plaine (1 scène), la grande place de Florence (1 scène).

Les 9 décors d'intérieur intéressent 21 scènes : 4 scènes pour le palais du duc ; 4 scènes pour le palais Strozzi ; 2 scènes pour les appartements du marquis ; 2 scènes pour les appartements de la marquise ; 1 scène pour le boudoir de la marquise ; 3 scènes pour la chambre de Lorenzaccio ; 2 scènes pour le palais Soderini ; 2 scènes pour le cabinet de Philippe à Venise ; 1 scène pour une auberge.

Cette ouverture spatiale s'inscrit dans une conception théâtrale d'ensemble. Elle est d'abord la conséquence directe de la complexité de l'action qui rend nécessaire une spécificité des lieux : les différents complots ne peuvent en effet se dérouler dans le lieu unique cher aux classiques. Elle est ensuite la manifestation de ce pittoresque qu'affectionnent les romantiques. Ils refusent de privilégier certaines réalités au détriment d'autres, s'appliquent à décrire la vie dans toute son ouverture et toute sa richesse : les décors sont indiqués avec une précision minutieuse, les accessoires ne manquent pas, les attitudes sont fidèlement rendues.

Cet éclatement spatial permet enfin, en faisant se succéder décors extérieurs et décors intérieurs, de jouer habilement sur le contraste entre les mouvements de foule et les scènes intimes : l'apaisement souvent mélancolique suit ainsi l'agitation de la rue (acte I, scène 3 ; acte I, scène 2) ; les soubresauts collectifs font ainsi place aux troubles de l'âme (acte V, scène 5 ; acte V, scène 6). Une telle conception reposant sur le désir de rendre compte d'un contexte historique, jointe à la multiplicité des intrigues, explique par ailleurs le grand nombre de personnages : quarante personnages, plusieurs dizaines de figurants, voilà qui aide encore à l'émergence du pittoresque et à l'animation du spectacle.

UNE DURÉE DE DIX JOURS

Malgré certaines imprécisions de la part de Musset qui ne se soucie guère, semble-t-il, de souligner la succession temporelle, il est possible de situer dans le temps le déroulement de la pièce. L'action occupe dix journées : elle est donc relativement ramassée, beaucoup plus que dans la réalité historique, ce qui témoigne d'une certaine volonté de concentrer les faits. Une série d'indications, disséminées tout au long de l'œuvre, permettent de reconstituer la marche des événements.

Du 29 décembre 1535 au 7 janvier 1536

– Le marchand le précise à la scène 5 de l'acte V : le duc a été assassiné « l'an 1536 », « le 6 du mois », « à six heures de la nuit ». Les données historiques ajoutent : en janvier, et rectifient : en 1537.
– Le couronnement de Côme de Médicis, qui termine la pièce, a lieu le lendemain, c'est-à-dire le 7 janvier, puisque, le matin qui suit le meurtre, Corsi répond à une question de Niccolini : « Côme sera ici dans la matinée de demain [...] » (acte V, scène 1).
– L'aveu de la marquise à son mari, à la scène 4 de l'acte IV, se situe la veille du meurtre du duc, donc le 5 janvier. Il prend place en effet immédiatement après les recommandations de Lorenzo à Scoronconcolo de la scène 3 : « [...] ne manque pas de venir à minuit [...] »
– Or, le marquis Cibo est de retour après une absence d'une semaine qu'il annonce, juste avant son départ, à la scène 3 de l'acte I : « Ce sera l'affaire d'une semaine. »
– L'acte I se déroule donc le 29 décembre, un vendredi, comme le signale une femme en faisant allusion au pèleri-

nage de Montolivet : « [...] je n'y viens jamais qu'un seul vendredi » (acte I, scène 5).
– L'action s'ouvre, par conséquent, le vendredi 29 décembre 1535, pour s'achever le dimanche 7 janvier 1536.

La succession des événements

Dans les détails, voici quelle pourrait être la succession des événements :

• *Acte I, scène 1 :* le début du vendredi 29 décembre 1535 (le duc : « Il est minuit [...] »).
– *Scène 2 :* l'aube (une indication scénique précise : « Le point du jour »).
– *Scènes 3, 4 et 5 :* dans la journée.
– *Scène 6 :* le soir de ce même vendredi (Catherine : « Le soleil commence à baisser »).

• *Acte II, scène 1 :* le même jour, à la fin de la journée (Léon Strozzi revient en effet de la foire de Montolivet où se déroulait la scène 5 de l'acte I, et Pierre avertit : « Allons dîner, le dîner est servi »).
– *Scènes 2 et 3 :* à la scène 3, la marquise se prépare à recevoir, pour la première fois, le duc. Or, le jour de l'arrivée de son mari, c'est-à-dire le 5 janvier, le cardinal lui reprochera : « Il ne faut pas une grande science, pour garder un amant un peu plus de trois jours » (acte IV, scène 4). La scène 3 se situe donc le mardi 2 janvier, de même que, probablement, la scène qui précède.
– *Scènes 4, 5, 6 et 7 :* elles sont liées par la continuité temporelle ; Lorenzo se déplace en effet successivement du palais Soderini au palais Strozzi, puis au palais ducal. Un jour a passé ; la scène 6 montre Tebaldeo en train de faire le portrait du duc, alors que Lorenzo, à la scène 2 de l'acte II, disait au peintre : « Viens demain à mon palais [...] » Nous voici donc le mercredi 3 janvier. C'est la fin de la journée (Philippe : « Voilà la nuit », scène 5).

• *Acte III :* l'acte III prend place le jeudi 4 janvier. Lorenzo, qui fait allusion à ses projets d'assassinat dont la réalisation aura lieu le 6 janvier, s'exclame : « Dans deux jours, les

hommes comparaîtront devant le tribunal de ma volonté » *(scène 3)*.
– *Scène 1 :* au matin, Lorenzo se livre à son combat simulé avec Scoronconcolo.
– *Scène 2 :* Pierre regrette l'échec de son action.
– *Scène 3 :* il se fait arrêter.
– *Scène 4 :* Catherine et Marie déplorent l'attitude de Lorenzo.
– *Scène 5 :* « [...] il est déjà neuf heures [...] » (la marquise).
– *Scène 6 :* « Il est midi passé » (la marquise).
– *Scène 7 :* le soir (une indication scénique signale : « Les quarante Strozzi, à souper »).

• *Acte IV :* cet acte s'ouvre le lendemain, vendredi 5 janvier, puisque Lorenzo précise, à propos du duc : « Ce soir, je l'emmène chez moi [...] » (scène 1).
– *Scène 1 :* ce doit être le matin.
– *Scènes 2, 3, 4, 5 et 6 :* ces scènes se succèdent tout au long de la journée.
– *Scènes 7 et 8 :* le soir (Lorenzo : « Voilà le soleil qui se couche », scène 7).
– *Scène 9 :* c'est la nuit (une indication scénique signale : « Il est nuit »).
– *Scènes 10 et 11 :* au cours de la nuit du 6 janvier (après le souper du duc de la scène 10, intervient le meurtre de la scène 11 qui a lieu à six heures du matin, le 6 janvier).

• *Acte V, scène 1 :* l'acte V s'ouvre le matin du 6 janvier, avec l'annonce de l'assassinat du duc.
– *Scène 2 :* arrivée, l'après-midi, de Lorenzo à Venise.
– *Scènes 3 et 4 :* au cours de la même journée, commentaires de deux gentilshommes sur la réconciliation entre la marquise et le marquis Cibo, discussion de Pierre avec l'envoyé de François Ier.
– *Scène 5 :* elle se déroule le lendemain matin, le dimanche 7 janvier. En effet, l'orfèvre précise : « Le Côme arrive aujourd'hui [...] », et cette arrivée avait été annoncée à la scène 1 de l'acte V pour le 7 au matin.
– *Scènes 6 et 7 :* ces deux dernières scènes prennent place le même jour, la mort de Lorenzaccio de la scène 6 ayant été considérablement avancée par Musset, puisqu'elle se situe, en réalité, le 26 février 1548.

Action unifiée, mais complexe ; éclatement spatial contribuant à créer le pittoresque ; multiplicité des personnages ; subtil dosage faisant se succéder mouvements de foule et scènes d'intérieur ; resserrement temporel relatif, la construction de *Lorenzaccio* est marquée par le romantisme, mais par un romantisme maîtrisé, dominé, qui ne tombe pas dans les excès de la tradition naissante du drame français.

TABLEAU RÉCAPITULATIF I :
action, lieu, temps

Acte	Sc.	Lorenzo (17 scènes)	Les Strozzi (16 scènes)	
			Philippe (12 scènes)	**Pierre** (13 scènes)
I	1	dessein dissimulé		
	2		Louise insultée	Louise insultée
	3			
	4	dessein soupçonné		
	5		provocation de Salviati	provocation de Salviati
	6		les bannis	les bannis
II	1		patience	colère
	2	dessein annoncé		
	3			
	4	dessein annoncé		
	5	dessein annoncé	prudence	vengeance
	6	le vol de la cotte de mailles ACTION		
	7			Salviati réchappe COUP DE THÉATRE

Lorenzo : EXPOSITION (I, 1 – II, 7)

Pierre : EXPOSITION (I, 1 – I, 6) ; ACTION (II, 1 – II, 7)

La marquise (6 scènes)	**Le peuple** (9 scènes)	**Lieux**	**Temps**
		un jardin	29 décembre après minuit
	mécontentement EXPOSITION	une rue	29 décembre à l'aube
intrigue avec le duc EXPOSITION		palais Cibo (chez le marquis)	29 décembre journée
		palais ducal (une cour)	29 décembre journée
	contestation ↑ ACTION	Montolivet (l'église)	29 décembre journée
	bannissement	l'Arno	29 décembre le soir
		palais Strozzi	29 décembre le soir
		une église	2 janvier
confession ↑ ACTION		palais Cibo (chez la marquise)	2 janvier
		palais Soderini	3 janvier le soir
		palais Strozzi	3 janvier le soir
		palais ducal	3 janvier le soir
↓	↓	une rue (devant le palais ducal)	3 janvier le soir

TABLEAU RÉCAPITULATIF II :
action, lieu, temps

Acte	Sc.	Lorenzo (17 scènes)	Les Strozzi (16 scènes) — Philippe (12 scènes)	Les Strozzi (16 scènes) — Pierre (13 scènes)
III	1	dessein révélé EXPOSITION		
	2		ralliement à l'action	complot
	3	dessein confirmé	découragement	arrestation COUP DE THÉATRE
	4			
	5			
	6			
	7		mort de Louise : désespoir COUP DE THÉATRE	
IV	1	le piège COUP DE THÉATRE		
	2			mort de Louise : fureur
	3	préparatifs		
	4			
	5	préparatifs		
	6		rupture : « mains propres » DÉNOUEMENT 1	rupture : « mains sales » DÉNOUEMENT 1

ACTION (Lorenzo : III, 1 → IV, 6)

ACTION (Pierre : III, 1 → IV, 2)

La marquise (6 scènes)	**Le peuple** (9 scènes)	**Lieux**	**Temps**
		chambre de Lorenzo	4 janvier le matin
		palais Strozzi	4 janvier le matin
ACTION	protestations	une rue	4 janvier le matin
		palais Sôderini	4 janvier le matin
l'attente		palais Cibo (chez la marquise)	4 janvier 9 heures
le rendez-vous		boudoir Cibo	4 janvier midi
	ACTION	palais Strozzi	4 janvier le soir
		palais ducal	5 janvier le matin
		une rue	5 janvier la journée
		une rue	5 janvier la journée
l'aveu au mari DÉNOUEMENT 1		palais Cibo (chez le marquis)	5 janvier la journée
		chambre de Lorenzo	5 janvier la journée
		une vallée	5 janvier la journée

TABLEAU RÉCAPITULATIF III : action, lieu, temps

Acte	Sc.	Lorenzo (17 scènes)	Les Strozzi (16 scènes) — Philippe (12 scènes)	Les Strozzi (16 scènes) — Pierre (13 scènes)
	7	avertissements aux républicains COUP DE THÉATRE		
	8			compromission avec François Ier
	9	préparatifs ACTION		
	10	avertissements au duc COUP DE THÉATRE		
	11	assassinat du duc DÉNOUEMENT 1		DÉNOUEMENT 2
V	1			
	2	poursuivi	retraite	
	3			
	4			ambition
	5	DÉNOUEMENT 2		
	6	mort	résignation	
	7		couronnement de Côme	couronnement de Côme

La marquise (6 scènes)	**Le peuple** (9 scènes)	**Lieux**	**Temps**
	insouciance ↑ COUP DE THÉÂTRE	l'Arno	5 janvier le soir
		une plaine	5 janvier le soir
		une place	5 janvier la nuit
		palais ducal	6 janvier la nuit
	ACTION	chambre de Lorenzo	6 janvier 6 heures du matin
	la succession	palais ducal	6 janvier le matin
		Venise : chez Philippe	6 janvier après-midi
le pardon DÉNOUEMENT 2		une rue	6 janvier après-midi
		une auberge	6 janvier après-midi
	bavardages ↓	une place	7 janvier le matin
	assassinat de Lorenzaccio DÉNOUEMENT 1	Venise : chez Philippe	7 janvier la journée
	couronnement de Côme DÉNOUEMENT 2	Florence : la grande place	7 janvier la journée

8 L'écriture théâtrale de Lorenzaccio

L'écriture d'une œuvre, ce n'est pas seulement l'expression, mais plus globalement les orientations stylistiques : la position adoptée dans le choix des tonalités – comique, dramatique, tragique, etc. –, dans la conduite des récits, des descriptions, de la peinture des caractères. L'écriture théâtrale, c'est l'art de tenir compte des conditions particulières du genre, de donner la vie aux personnages, de rendre naturels les dialogues. Ce qui frappe dans *Lorenzaccio*, c'est la variété de cette écriture, c'est la diversité introduite aussi bien dans les formes que dans les registres.

LA VARIÉTÉ DES FORMES

La diversité des formes est étonnante. Elle apparaît d'abord dans la nature même des répliques. Parfois, Musset procède par interventions rapides (acte I, scène 2), utilise une expression volontairement négligée propre à la langue parlée (début de la scène 3 de l'acte III), accumule les exclamations qui animent le style (acte II, scène 5), multiplie les interrogations qui relancent le dialogue (acte I, scène 1).

Mais il sacrifie aussi aux tirades interminables, à ces véritables dissertations en style soutenu, cultivées de façon si excessive par tous les dramaturges romantiques : les développements successifs auxquels se livre Lorenzaccio, à la scène 3 de l'acte IV, sont, à cet égard, significatifs.

Il ménage de savants contrastes entre les grands mouvements de foule (acte I, scène 2) et les moments d'intimité (acte I, scène 3). Il fait se succéder peintures des caractères (voir le portrait du cardinal à la scène 3 de l'acte II), récits (voir le résumé que fait Lorenzo de son action à la scène 3 de l'acte III) et parties descriptives (voir l'évocation champêtre à laquelle se livre Lorenzo à la scène 9 de l'acte IV).

LE MÉLANGE DES REGISTRES

Les registres utilisés par Musset sont eux aussi des plus variés. Le mélange des genres est total. Le comique de farce apparaît, par exemple, dans l'opposition entre la politesse pédante des précepteurs et la hargne du petit Salviati et du petit Strozzi (acte IV, scène 5). Un comique plus léger, fait d'humour, naît de la description de l'air affairé et important des écoliers qui contemplent de loin la fête chez les Nasi (acte I, scène 2). La vulgarité de la conduite de l'officier, lors de l'arrestation des Strozzi, contraste avec la haute tenue des propos de Lorenzaccio lorsqu'il fait part à Philippe de sa conception de l'existence (acte III, scène 3). Le mélodrame se déchaîne dans la mise en scène de l'empoisonnement de Louise et de l'égarement de son père (acte III, scène 7). Le tragique pèse de tout son poids, avec la mort de Lorenzo qui n'aura « pas même un tombeau » (acte IV, scène 6).

Parmi ces registres, le lyrisme, cette exaltation des sentiments, occupe une place importante. Dans *Lorenzaccio*, Musset exprime tout son sens poétique. Il utilise une langue riche, pleine d'images somptueuses. Tantôt, c'est l'évocation simple et familière d'une nature apaisante, comme dans la description que fait Catherine à la scène 6 de l'acte I :

> Le soleil commence à baisser. De larges bandes de pourpre traversent le feuillage, et la grenouille fait sonner sous les roseaux sa petite cloche de cristal.

Tantôt, c'est la comparaison frappante, suggestive, comme celle de Lorenzo qui s'assimile aux « masques de plâtre » (acte III, scène 3). Tantôt, c'est la métaphore longuement développée, comme lorsque l'orfèvre décrit les transformations de Florence par « deux architectes malavisés », le pape et l'empereur (acte I, scène 2). Toujours, c'est la recherche du mot juste, le recours à des données concrètes, puisées dans la vie quotidienne, mais sublimées par le souffle de l'inspiration, pour illustrer l'idée, pour la rendre plus sensible, pour mieux l'exprimer.

9 Une grande richesse de thèmes

Pièce d'une grande complexité de construction, œuvre toute bruissante de symboles, *Lorenzaccio* est riche d'une autre richesse : les thèmes se succèdent, se mêlent souvent, montrant, une fois encore, l'ampleur de la réflexion, des préoccupations et des interrogations de Musset.

LA RELATIVITÉ DES CHOIX RELIGIEUX ET MORAUX

À de multiples reprises, dans *Lorenzaccio*, apparaissent des positions diverses face à la religion et à la morale. Musset en dresse comme le panorama : il expose ainsi le fruit de ses hésitations, sa difficulté à opérer un choix.

Une religion pervertie

Dans ce domaine les personnages de la pièce adoptent des attitudes variées. Une première distinction s'impose. Alors que Musset ne porte pas de jugements de valeur sur les laïcs, il est beaucoup plus sévère pour le clergé : son rôle dirigeant et les conséquences morales que ses perversions peuvent avoir lui confèrent une grande responsabilité, et rendent particulièrement dangereuses ses actions contestables. Il s'attaque violemment aux ministres du culte. Ce qu'il reproche au pape, c'est son intervention dans le domaine temporel, alors qu'il ne devrait jouer qu'un rôle spirituel (acte I, scène 2) ; c'est aussi son immoralité qui ne l'empêche pas de vouloir donner des leçons aux autres (acte I, scène 4). Ce qu'il réprouve chez le cardinal Cibo, c'est l'utilisation hypocrite qu'il fait de ses fonctions pour satisfaire son goût de l'intrigue (acte II, scène 3) ; c'est également la perte de tout sens moral qui, au mépris de la personne humaine, l'amène à considérer que tous les moyens sont bons : détournement de correspondance, malgré les protestations d'Agnolo qui s'indigne, en vain : « Hélas ! Éminence, c'est un péché » (acte I, scène 3) ; excuse du geste sacrilège du duc, qui, au cours d'une fête, s'était déguisé en religieuse (acte I, scène 3) ; véritable chantage à la confession (acte II, scène 3) ; appel implicite à la prostitution (acte IV, scène 4).

Certes, quelques ecclésiastiques demeurent dans le droit chemin, comme Valori, homme intègre, auquel le duc adresse ce compliment : « Vous êtes, pardieu, le seul prêtre honnête homme que j'aie vu de ma vie » (acte I, scène 4) ; ou comme le prieur, Léon Strozzi, tout de bonté (voir son attitude conciliante, à la scène 1 de l'acte II).

Mais, de façon générale, on assiste à une dégénérescence de la foi et de la morale. La religion tombe dans la superstition (voir les explications du marchand qui place la mort du duc sous le signe du chiffre six, acte V, scène 5). Elle n'est plus qu'un prétexte à réjouissances (voir le pèlerinage de Montolivet qui est devenu davantage l'occasion d'une foire qu'un acte de piété, acte I, scène 5) ou à spectacles (acte II, scène 2). Affaiblie, elle a perdu sa capacité à défendre les valeurs morales (acte I, scène 1).

Des attitudes multiples devant la foi

Dans ces conditions, la religion n'a plus cette unité qui faisait sa force. Elle ne peut empêcher la multiplication des interprétations divergentes du monde. Et la pièce éclate en attitudes multiples devant la foi, sur lesquelles Musset se garde bien de porter jugement. Est-ce le duc qui a raison dans son refus des pratiques religieuses que la marquise constate en ces termes lourds de reproches : « Toi qui ne vas pas à la messe [...] » (acte III, scène 6) ? Est-ce plutôt la marquise, lorsque, s'adressant au duc, elle exprime sa conception déiste d'un Dieu omniprésent : « [...] es-tu sûr que l'Éternité soit sourde, et qu'il n'y ait pas un écho de la vie dans le séjour des trépassés ? Sais-tu où vont les larmes des peuples, quand le vent les emporte ? » (acte III, scène 6) ? Philippe serait-il dans le vrai, lorsque, mettant en doute la justice divine, il évoque un Dieu cruel, auprès duquel il proteste : « Dieu de justice ! Dieu de justice ! que t'ai-je fait ? » (acte III, scène 7) ? Ou serait-ce Pierre, avec sa vision d'un Dieu de vengeance qu'il évoque en ces termes aux prêtres, ses représentants sur terre : « Écoutez-moi, prêtres ; si vous êtes l'image de Dieu, vous pouvez recevoir un serment. Par tout ce qu'il y a d'instruments de supplice sous le ciel, par les tortures de l'Enfer... » (acte IV, scène 2) ? Que choisir ? Lorenzaccio et son attitude de défi : « Ma vie entière est au bout de ma dague, et que la Providence retourne ou non la tête, en m'entendant frapper, je jette la nature humaine à pile ou face sur la tombe d'Alexandre » (acte III, scène 3) ? Tebaldeo et son assimilation de la religion à l'art, au spectacle des œuvres de Raphaël et de Michel-Ange : « Le chant de l'orgue me révèle leur pensée, et me fait pénétrer dans leur âme ; je regarde les personnages de leurs tableaux si saintement agenouillés, et j'écoute, comme si les cantiques du chœur sortaient de leurs bouches entrouvertes » (acte II, scène 2) ? Ou encore Catherine qui, dans une orientation panthéiste intuitive, s'extasie : « Que le ciel est beau ! Que tout cela est vaste et tranquille ! Comme Dieu est partout ! » (acte I, scène 6) ? C'est à chacun de décider selon ses aspirations et ses états d'âme.

LE JEU DES APPARENCES ET DE LA RÉALITÉ

Un monde d'illusions

Cette absence de détermination morale est la conséquence d'une vision globale du monde vérifiée par les données cruelles de l'expérience. La vie est faite de revirements. Le hasard y est tout-puissant ; aucune stabilité n'y est assurée ; aucune sécurité n'y existe. Voilà qui incite à voir dans l'univers l'empire du relatif où se déroule le ballet jamais achevé des apparences et de la réalité.

Lorenzaccio est dominé par l'illusion. Son triomphe est particulièrement net, lorsqu'elle échappe à la volonté de l'homme. Témoignage alors d'un monde qui est par nature faux-semblant, elle se manifeste dans les rêves ou dans les transcriptions cauchemardesques faites à l'état de veille.

C'est une illusion bien ambiguë, puisqu'elle constitue à la fois une prémonition de faits réels et une distorsion de cette réalité qui se trouve comme accentuée, comme transfigurée par ces évocations aux images somptueuses, quelque peu comparables aux interprétations du quotidien par l'art.

Les leçons du rêve

Le songe apparaît comme le pendant de l'existence de tous les jours à laquelle il vient donner un éclairage différent, conférer une dimension nouvelle. Il se révèle presque plus réel que la réalité soumise à l'ambiguïté.

Ainsi Maffio s'éveille de son cauchemar : « Il me semblait dans mon rêve voir ma sœur traverser notre jardin, tenant une lanterne sourde, et couverte de pierreries. Je me suis éveillé en sursaut. Dieu sait que ce n'est qu'une illusion, mais une illusion trop forte pour que le sommeil ne s'enfuie pas devant elle », et découvre une réalité aussi effrayante : « Suis-je éveillé ? c'est le fantôme de ma sœur. Il tient une lanterne sourde et un collier brillant étincelle sur sa poitrine aux rayons de la lune » (acte I, scène 1).

Ainsi l'hallucination de Marie, évoquant son fils, ce « pauvre enfant vêtu de noir » qui réapparaîtra plus tard dans l'œuvre poétique de Musset *(La Nuit de Décembre)*, constitue une matérialisation du déchirement de Lorenzo :

> J'ai entendu tout d'un coup marcher lentement dans la galerie ; je me suis retournée, un homme vêtu de noir venait à moi, un livre sous le bras : c'était toi, Renzo : « Comme tu reviens de bonne heure ! », me suis-je écriée. Mais le spectre s'est assis auprès de la lampe, sans me répondre ; il a ouvert son livre, et j'ai reconnu mon Lorenzino d'autrefois.
>
> Acte II, scène 4.

Ainsi la transposition de Lorenzo, décrivant sa vie, représente une vision concrète, beaucoup plus réelle que ne pourrait l'être la liste de ses turpitudes :

> Mais moi, pendant ce temps-là, j'ai plongé ; je me suis enfoncé dans cette mer houleuse de la vie ; j'en ai parcouru toutes les profondeurs, couvert de ma cloche de verre ; tandis que vous admiriez la surface, j'ai vu les débris des naufrages, les ossements et les Léviathans.
>
> Acte III, scène 3.

LE TRIOMPHE DU MASQUE

Des visages masqués

L'importance du rêve soulignait le rôle joué par les apparences. Le thème du masque montre l'ampleur des dissimulations. Le masque est omniprésent. Il apparaît concrètement durant les fêtes et s'accompagne du déguisement : travestis, masqués au sens propre du terme, les Florentins peuvent ainsi dissimuler leur identité et se livrer, en toute liberté, à leur fantaisie, à leurs impulsions. Paradoxalement, le masque leur permet, en fait, de libérer leur être profond, d'échapper à leur être social. Dès le début de la pièce, à la scène 2 de l'acte I, Musset représente ces réjouissances, occasions de faire triompher, à la faveur du masque, l'instinct sur la raison, l'inconscient sur le conscient.

Le jeu dangereux de la dissimulation

Mais, plus profondément, les personnages ne se contentent pas de masquer leur visage ; ils masquent aussi leur caractère. Les apparences qu'ils plaquent sur leur vraie personnalité concourent parfois à leur propre aveuglement. Comme ils ne peuvent s'avouer une réalité contraire à leurs aspirations, ils l'escamotent, en ayant recours à des explications plus satisfaisantes. C'est de cette auto-intoxication qu'est notamment victime la marquise Cibo, lorsqu'elle essaie de se persuader que sa passion pour Alexandre est due à de hauts motifs politiques (« Et pourquoi est-ce que tu te mêles à tout cela, toi, Florence ? Qui est-ce donc que j'aime ? Est-ce toi ? Est-ce lui ? », s'interroge-t-elle, à la scène 3 de l'acte II). Bindo et Venturi ont un comportement semblable, lorsqu'ils tentent de se cacher à eux-mêmes la satisfaction que leur procurent les faveurs du duc (« C'est un tour infâme », « Cela est terrible », se lamentent-ils hypocritement, à la scène 4 de l'acte II).

Parfois, les faux-semblants ont pour but d'égarer l'entourage. L'exemple le plus significatif est évidemment fourni par Lorenzo qui ne cesse de refréner ses aspirations profondes, en leur imposant le masque de la débauche. Lorenzo, c'est l'être qui se contraint à jouer un rôle, qui tourne résolument le dos à sa véritable nature, pour la remplacer par une apparence factice, artificielle, comme il le confie à Philippe Strozzi à la scène 3 de l'acte III :

> Pour plaire à mon cousin, il fallait arriver à lui, porté par les larmes des familles ; pour devenir son ami, et acquérir sa confiance, il fallait baiser sur ses lèvres épaisses tous les restes de ses orgies. J'étais pur comme un lis, et cependant je n'ai pas reculé devant cette tâche.

Voilà qui aboutit à une dépersonnalisation, à un morcellement de la personnalité écartelée entre la vérité et les apparences. Et Lorenzaccio constate lucidement :

> [...] moi, qui n'ai voulu prendre qu'un masque pareil à leurs [les débauchés] visages [...], je ne puis ni me retrouver moi-même, ni laver mes mains, même avec du sang !
>
> Acte IV, scène 5.

Le drame de Lorenzaccio, c'est d'avoir conscience de cette division, qu'il ressent comme une perversion. Mais il n'est pas le seul à baigner dans cet océan de contradictions. Les autres, simplement, parviennent, semble-t-il, à mieux concilier l'inconciliable. Dans cet exercice, le cardinal Cibo est passé maître : chez lui, l'hypocrisie et le cynisme font apparemment bon ménage avec les convictions religieuses.

Le faste, la pompe, le luxe, c'est un autre domaine qui permet à l'illusion de donner toute sa mesure. Mener une existence raffinée, se prétendre protecteur des arts, attirer à sa cour des peintres éminents, s'entourer d'un décor somptueux, s'habiller de vêtements aux étoffes les plus rares, voilà qui permet au duc de Florence de dissimuler son vide intellectuel et sa cruauté de barbare.

LES AMBIGUÏTÉS DE L'AMOUR

L'amour se situe au cœur même des contradictions qui divisent l'être humain. Musset en parle en connaisseur ; la passion a en effet joué un rôle essentiel dans sa vie : ses multiples expériences amoureuses ont contribué à affiner sa sensibilité, l'ont aidé à quitter cette existence superficielle de dandy qui était la sienne au sortir de l'adolescence, et lui ont permis, grâce aux leçons de la douleur, de devenir pleinement homme et pleinement créateur :

> L'homme est un apprenti ; la douleur est son maître.
> Et nul ne se connaît, tant qu'il n'a pas souffert.
>
> *Nuit d'octobre,* 1837.

L'amour, malgré les désillusions que son goût de la pose exagère souvent, est donc considéré par Musset comme l'accomplissement de l'homme, comme sa principale raison de vivre :

> Après avoir souffert, il faut souffrir encore ;
> Il faut aimer sans cesse, après avoir aimé.
>
> *Nuit d'août,* 1836.

Dans *Lorenzaccio*, l'amour revêt des aspects divers, parfois complémentaires, souvent contradictoires. Ce peut être l'amour sensuel, que l'on prend en passant, et qui n'engage pas (Lorenzo : « J'aurais pleuré avec la première fille que j'ai séduite, si elle ne s'était mise à rire », acte III, scène 3). Mais ce peut être la passion qui s'empare de tout l'être (la marquise au duc : « Vous autres hommes, cela est si peu pour vous ! Sacrifier le repos de ses jours, la sainte chasteté de l'honneur ! quelquefois ses enfants ; ne vivre que pour un seul être au monde [...] », acte III, scène 6). Ce peut être aussi un sentiment pur, une affection tendre, comme chez Catherine qui espère encore en Lorenzaccio (« Je me dis malgré moi que tout n'est pas mort en lui », acte I, scène 6) ; ou la sollicitude maternelle de Marie qui se souvient de son « Lorenzino d'autrefois » (acte II, scène 4).

LA DIVERSITÉ FÉMININE

Cette importance de l'amour explique la place primordiale qu'occupe la femme dans *Lorenzaccio*. Être multiple et contradictoire, elle possède un certain nombre de constantes spécifiques qui la rendent, à la fois, attirante et dangereuse. Mais ces ressemblances recouvrent de grandes différences de caractère et de comportement.

Constantes et contradictions

La femme, c'est la pudeur (« Tant de pudeur ! », dit Lorenzaccio de Gabrielle, acte I, scène 1). Mais il y a l'orgueil, la curiosité ou l'intérêt qui viennent tout balayer (« N'as-tu pas été flattée ? Un amour qui fait l'envie de tant de femmes ! un titre si beau à conquérir, la maîtresse de... », ironise Lorenzaccio à l'adresse de Catherine, acte IV, scène 5 ; « Ah ! pourquoi y a-t-il dans tout cela un aimant, un charme inexplicable qui m'attire ? », s'interroge la marquise, acte II, scène 3 ; « On me l'a montrée ce soir, sortant du spectacle dans une robe comme n'en a pas l'impératrice », telle est la description que fait Maffio de sa sœur, acte I, scène 6).

La femme, c'est le charme et la beauté (Gabrielle a « deux grands yeux languissants », acte I, scène 1 ; Louise, une « belle épaule [...] tout humide et si fraîche ! », acte I, scène 2). Mais que d'hypocrisie là-dessous dissimulée (« Voir dans une enfant de quinze ans la rouée à venir », annonce Lorenzaccio en parlant de Gabrielle, acte I, scène 1) !

La femme, c'est la sensibilité jamais épuisée (« Mais quel flot violent d'un fleuve magnifique sous cette couche de glace fragile qui craque à chaque pas ! », présage Lorenzaccio de Gabrielle, acte I, scène 1). Mais que de tentations cette sensibilité provoque (« Quand je pense que cela est, cela me fait l'effet d'une nouvelle qu'on m'apprendrait tout à coup », médite la marquise Cibo, en songeant que c'est son amant qu'elle attend, acte III, scène 5) !

Portraits de femmes

Il y a donc bien une nature profonde de la femme. Mais elle ne doit pas faire oublier la variété des attitudes et des réactions. *Lorenzaccio* en dresse un véritable catalogue.

La femme, ce peut être la prostituée (Lorenzo à Tebaldeo : « Pourquoi donc ne peux-tu peindre une courtisane, si tu peux peindre un mauvais lieu ? », acte II, scène 2) ; ou la jeune fille encore pure que l'on débauche, à force de présents et en achetant les parents (exemple type de Gabrielle payée « un millier de ducats » à sa mère, attirée par « un collier brillant », et dont Lorenzaccio affirme : « Jamais arbuste en fleurs n'a promis de fruits plus rares, jamais je n'ai humé dans une atmosphère enfantine plus exquise odeur de courtisanerie », acte I, scène 1).

La femme, c'est aussi la dame noble avide d'amants admirateurs (première dame : « Il est bête à faire plaisir, ton officier ; que peux-tu faire de cela ? », acte I, scène 5) ; ou l'oisive succombant à la sensibilité, demandant à la passion la nouveauté et la sensation d'exister (« N'importe, advienne que pourra, je veux essayer mon pouvoir », s'écrie la marquise, à la scène 5 de l'acte III).

La femme, c'est encore la jeune fille sans problème, cherchant dans l'amour l'accord de deux cœurs (Tebaldeo : « Le soir, je vais chez ma maîtresse, et quand la nuit est belle, je la passe sur son balcon », acte II, scène 2) ; ou l'être, resté plein de générosité et de fraîcheur, attaché aux vraies valeurs humaines (« Son cœur n'est peut-être pas celui d'un Médicis ; mais, hélas ! c'est encore moins celui d'un honnête homme », regrette Catherine, à propos de Lorenzaccio, acte I, scène 6).

C'est enfin la vieille femme tendre et résignée (« J'ai trop souffert, ma pauvre Catherine [...]. Allons, soutiens-moi, pauvre enfant ; je ne te donnerai pas longtemps cette peine », soupire Marie à la scène 4 de l'acte III).

PENSÉE ET ACTION : DES RAPPORTS DIFFICILES

Dans *Lorenzaccio*, se développe aussi une méditation sur la pensée et sur l'action. Ce thème philosophique se trouve puissamment intégré à la pièce dont l'une des principales interrogations porte sur les rapports difficiles qu'entretiennent la réflexion et son application concrète.

La philosophie apparaît, dans *Lorenzaccio*, comme le type même de la démarche inutile. Musset a construit le personnage de Philippe Strozzi essentiellement en vue de cette démonstration. Le philosophe est un idéaliste, attaché à ses rêves de perfection. Il travaille dans l'absolu : « Que le bonheur des hommes ne soit qu'un rêve, cela est pourtant dur », commente Philippe, à la scène 1 de l'acte II. Il refuse de regarder la réalité en face : « Arrête ! Ne brise pas comme un roseau mon bâton de vieillesse », répond-il aux propos désabusés de Lorenzaccio (acte III, scène 3). Il s'épuise à ressasser les mêmes idées stériles : « J'ai trop réfléchi ici-bas ; j'ai trop tourné sur moi-même, comme un cheval de pressoir », constate-t-il, à la scène 3 de l'acte III. Réduit presque à un enfant, incapable de se déterminer lui-même, il ne peut faire face à l'action et le regrette amèrement :

> Mais l'architecte, qui a dans son pupitre des milliers de plans admirables, ne peut soulever de terre le premier pavé de son édifice, quand il vient se mettre à l'ouvrage avec son dos voûté et ses idées obstinées.
>
> Acte II, scène 1.

La contestation de la démarche de Philippe Strozzi par son fils, l'activiste Pierre, et par le nihiliste Lorenzaccio, c'est un peu la contestation de la philosophie elle-même. L'échec final du penseur, son renoncement, c'est la reconnaissance des limites de la réflexion. Mais les chemins suivis par Pierre et par Lorenzaccio ne conduisent-ils pas, eux aussi, à la faillite ? Si l'action plonge dans la réalité, elle détruit la pureté des intentions, elle pervertit, elle oblige à se salir les mains.

UN IDÉAL : L'ART

Se réfugier dans le monde des idées ou se lancer dans l'action aboutit donc, dans les deux cas, à une impasse.

Mais, heureusement, il y a l'univers de l'art dans lequel les romantiques ont mis tout leur espoir. Déçus par la réalité, ils s'adonnent à une activité qui, bien qu'elle doive beaucoup au rêve, ne fait pas courir le risque des désillusions, car elle ne vise pas à une transformation, mais à une transposition des données. La somme d'enseignements qu'il est possible de tirer de *Lorenzaccio* permet de se faire une idée assez précise des conceptions artistiques de Musset : les développements qui sont consacrés à ce thème se présentent en effet comme une sorte de dissertation dialoguée. Revers de la médaille, ils sont assez mal liés à l'action théâtrale.

Une nouvelle religion

Sur le plan matériel, Musset pose le problème du mécénat, c'est-à-dire de la protection et de la subvention de l'art. Si l'on se réfère à ces paroles de l'orfèvre : « Si j'étais un grand artiste, j'aimerais les princes, parce qu'eux seuls peuvent faire entreprendre de grands travaux » (acte I, scène 5), il semble en être partisan. Mais, en fait, sa position est nuancée. L'artiste, pour créer, doit être entièrement libre. Dépendre d'un protecteur risque donc d'avoir des conséquences fâcheuses sur l'activité créatrice ; Tebaldeo, le peintre, proclame :

> Je n'appartiens à personne. Quand la pensée veut être libre, le corps doit l'être aussi.
>
> Acte II, scène 2.

C'est que l'art est une religion, à laquelle il faut se livrer corps et âme. L'artiste est un intermédiaire entre Dieu et les hommes, il témoigne au nom de Dieu d'une vérité. C'est pourquoi Tebaldeo établit des liens étroits entre les domaines artistique et religieux. Lorsqu'il s'écrie, à propos des chefs-d'œuvre, qu'il ne peut mieux les contempler que dans une église, lorsqu'il ajoute : « [...] des bouffées d'encens aromatiques passent entre eux et moi dans une vapeur légère. Je crois y voir la gloire de l'artiste » (acte II, scène 2), ce mysticisme, qui fait de l'art un prolongement de la religion, c'est celui d'un peintre de la Renaissance, et non celui de Musset. Mais cette conception dégage aussi le caractère sacré de la création artistique qui a pour but d'interpréter le monde, d'en livrer les secrets. En fin de compte, l'auteur de *Lorenzaccio* n'a-t-il pas, cachées au fond de lui, de semblables aspirations ? Ces vers du poème *Souvenir* (1841), dans lesquels il dédie à Dieu ses amours passées, expriment des sentiments assez proches de ceux de Tebaldeo :

> Je me dis seulement : À cette heure, en ce lieu,
> Un jour, je fus aimé, j'aimais, elle était belle.
> J'enfouis ce trésor dans mon âme immortelle,
> Et je l'emporte à Dieu.

L'art ne doit donc pas être galvaudé ; il doit être l'objet de toutes les dévotions, entouré d'un infini respect (Tebaldeo : « Je ne respecte point mon pinceau, mais je respecte mon art. Je ne puis faire le portrait d'une courtisane », acte II, scène 2). L'artiste forme un tout. Il ne peut pas séparer sa vie quotidienne de son activité créatrice. Toute son existence doit témoigner de son art. Honnêteté, indépendance, goût pour les occupations paisibles, telles sont les qualités de l'artiste.

L'art n'est donc pas coupé des réalités humaines : bien plus, il lui faut des circonstances particulières pour s'épanouir, des sources d'inspiration pour s'exalter. Tebaldeo développe une conception qui est tout à fait celle des romantiques. La création se satisfait des périodes troublées ; la stabilité engendre des œuvres pures, mais faibles ; les chefs-d'œuvre ont besoin de grands bouleversements :

> Il y a plusieurs cordes à la harpe des anges ; le zéphyr peut murmurer sur les faibles et tirer de leur accord une harmonie suave et délicieuse ; mais la corde d'argent ne s'ébranle qu'au passage du vent du nord.
>
> Acte II, scène 2.

L'œuvre se nourrit de souffrance (« L'enthousiasme est frère de la souffrance », acte II, scène 2).

C'est là une attitude qui semble proche de la position de Musset dont témoignent les fameux vers :

> Les plus désespérés sont les chants les plus beaux
> Et j'en sais d'immortels qui sont de purs sanglots.
>
> *Nuit de mai,* 1835.

Mais Lorenzaccio combat ironiquement cette sublimation de la douleur (« Je me ferais volontiers l'alchimiste de ton alambic ; les larmes des peuples y retombent en perles[1] », acte II, scène 2). Cette attaque de Lorenzo n'est-elle pas l'occasion pour Musset de rectifier une interprétation sou-

---

1. Comme l'alambic de l'alchimiste qui transforme les substances, l'art, selon Tebaldeo, transformerait les larmes des peuples en perles.

vent tendancieuse donnée à cette conception des romantiques ? Toujours est-il qu'elle permet à Tebaldeo de préciser qu'il ne s'agit pas d'exploiter le « malheur des familles », mais d'établir une sympathie entre cette situation déplorable et l'art qui est lui-même souffrance (« Je dis que la poésie est la plus douce des souffrances, et qu'elle aime ses sœurs », acte II, scène 2).

Inspiration et technique

L'art suppose une grande force d'imagination, car il se situe dans le domaine du rêve, et il faut être un puissant génie pour que se lève en soi l'inspiration indispensable à l'éclosion d'œuvres valables (Tebaldeo : « Réaliser des rêves, voilà la vie du peintre. Les plus grands ont représenté les leurs dans toute leur force, et sans y rien changer. Leur imagination était un arbre plein de sève », acte II, scène 2). Mais il n'est pas seulement la projection d'une inspiration. Il est aussi le résultat de longs efforts, l'aboutissement d'un long travail. Il donne lieu à une activité prenante, exige une discipline de vie nécessaire pour parvenir à des résultats satisfaisants. Il réclame un métier qui, seul, est capable d'amener l'artiste à choisir, de façon judicieuse, l'angle de vue à adopter ou la pose et le costume de son modèle.

Pour acquérir cette technique, une longue recherche est indispensable, enrichie par la méditation dans la solitude : « Je passe les journées à l'atelier », souligne Tebaldeo (acte II, scène 2). Malgré les déceptions, il faut persévérer, ne pas reculer devant les difficultés (« Hélas ! les rêves des artistes médiocres sont des plantes difficiles à nourrir, et qu'on arrose de larmes bien amères pour les faire bien peu prospérer », acte II, scène 2). Grâce à l'imitation et aux leçons des maîtres (« Seigneur, c'était mon maître, dit Tebaldeo de Raphaël, Ce que j'ai appris vient de lui », acte II, scène 2), de perfectionnement en perfectionnement, le talent s'affirmera.

10 Lorenzaccio **et le mal du siècle romantique**

Tous ces thèmes marqués par les apparences s'inscrivent dans cette attitude désespérée des romantiques et de Musset devant la vie à laquelle on a donné le nom de « Mal du siècle ». Celui-ci repose tout entier sur la conception d'un monde éclaté : le XVIIe siècle classique parvenait à reconstituer l'unité de l'univers autour de valeurs figées ; le XVIIIe siècle y arrivait, en prenant comme références la raison et le progrès ; les romantiques, impuissants, constatent les contradictions irrémédiables dans lesquelles l'homme doit vivre.

LES TARES DE LA POLITIQUE ET DE LA SOCIÉTÉ

Incohérence de l'histoire

Le mal du siècle qu'éprouvent les romantiques est une attitude à laquelle on a souvent reproché le caractère artificiel, mais c'est également le résultat d'une réflexion provoquée par une situation politique. Depuis 1789, la France vit à l'heure des bouleversements. Les révolutions se succèdent. Tout système de références cohérent s'effondre, dans la multiplication des divergences. Aucune marche logique ne semble être suivie par l'histoire. Tout paraît être livré au hasard ou à des personnages providentiels qui surgissent et s'évanouissent tour à tour : Alexandre de Médicis assassiné, qu'importe ? Côme est là pour lui succéder. À l'époque de Musset, on espérait en Louis-Philippe. Il ne vaut pas mieux que Charles X. C'est de nouveau l'échec. Une fois de plus, les aspirations républicaines ont été trompées.

Dans *Lorenzaccio*, Musset n'a pas résisté à la tentation de juger les faits à travers son époque. L'évocation de l'Italie de la Renaissance doit beaucoup à la France contemporaine de l'auteur. L'insouciance du peuple et l'inconséquence des républicains, c'est la transposition de l'échec de 1830 qui a vu à une royauté, celle de Charles X, succéder une autre royauté, celle de Louis-Philippe, alors que tout était possible. L'attitude de Venturi et de Bindo qui acceptent les faveurs du duc (acte II, scène 4) est le reflet de la compromission de certains républicains avec le pouvoir royal. L'éloge de la cour que fait le marchand (acte I, scène 2) est la transcription d'une mentalité, générale chez les commerçants de ces années 1830, qui soutenaient le régime du roi bourgeois, parce qu'il leur donnait l'occasion de s'enrichir. La fin de la réplique de Philippe Strozzi : « Allons-y donc plus hardiment ; la république, il nous faut ce mot-là. Et quand ce ne serait qu'un mot, c'est quelque chose, puisque les peuples se lèvent quand il traverse l'air... » (acte II, scène 1), c'est le cri des républicains avides de liberté.

Une société morcelée

Une royauté acceptée par tous, parce que de droit divin, c'était la caution d'une hiérarchie qui ne reposait pas sur une disparité entre les différents individus, mais sur une décision de la Providence, agissant dans le cadre de l'harmonie du monde ; une république, c'est la garantie de la liberté et de l'égalité dans le respect mutuel ; un régime de tendance monarchique suscité par les circonstances, qu'il soit imposé par des puissances étrangères, comme celui des Médicis, ou toléré avec plus ou moins de réticences, comme celui de Louis-Philippe, c'est une couverture commodément offerte à une minorité pour opprimer la majorité.

Voilà qui contribue à enfermer chaque groupe social à l'intérieur de ces barrières que représentent la naissance, l'argent, l'éducation, comme le souligne Lorenzo à propos de Gabrielle : « D'ailleurs, fille de bonnes gens (naissance), à qui leur peu de fortune (argent) n'a pas permis une éducation solide ; point de fond dans les principes, rien qu'un léger vernis » (acte I, scène 1). Et ce cloisonnement est encore accentué par la montée des ambitions personnelles : elles aboutissent à l'aggravation des contradictions entre l'être individuel et l'être social, chacun ayant tendance, au lieu de contribuer au bonheur général, à exploiter les avantages que lui offre une situation donnée : ainsi, le marchand, malgré son honnêteté, approuve la vie de fête de la cour, parce qu'il en profite pour s'enrichir (acte I, scène 2).

UN CONSTAT D'ÉCHEC

La faillite de l'homme

La réflexion sur l'homme ne fait que confirmer ces constats. Le progrès aggrave, selon Musset, les inégalités sociales, parce qu'il aboutit à l'amélioration de l'existence des seuls privilégiés qui peuvent ainsi, grâce au travail des autres, se livrer à tous les plaisirs. Comment croire à la raison, devant le spectacle des soubresauts politiques, à la vue de l'inconséquence du peuple, qui, lorsque le gouverneur de la citadelle « a offert de livrer la forteresse aux amis de la liberté, avec les provisions, les clefs, et tout le reste [...], a braillé, bu du vin sucré, et cassé des carreaux » (acte V, scène 5) ? La religion, comment s'y fier, alors qu'elle a perdu son unité, qu'elle n'est plus une référence absolue ?

L'action ? De quelque manière qu'on l'envisage, elle échoue. Qu'elle engage la sensibilité, comme chez la marquise, c'est la trahison de soi-même ; qu'elle sollicite la réflexion, comme chez Philippe, c'est l'impuissance ; qu'elle fasse intervenir la détermination, comme chez Pierre, c'est l'aventure ; qu'elle se développe souterrainement, comme chez le cardinal, c'est la dissimulation, le machiavélisme ; qu'elle mette en œuvre enfin toutes les facultés, comme chez Lorenzaccio, c'est l'autodestruction. Dans tous les cas, c'est l'inutilité, la déception, l'échec : le compromis réformateur aussi bien que l'activisme radical ne mène à rien.

Les relations humaines ? Elles reposent sur l'ambiguïté et sont à la merci de ces revirements qui font subir à l'individu de monstrueuses métamorphoses. L'idéal ? Il est inaccessible, et crée l'orgueil et la démesure.

Le triomphe du Mal

L'homme serait-il donc foncièrement mauvais ? Dans le jeu des contradictions qui le marquent, l'un des aspects l'emporte irrémédiablement. Et c'est malheureusement souvent celui qui satisfait ses mauvais instincts. La métamorphose qui s'opère donne naissance à des monstres. C'est là une vision pessimiste qui repose sur cette conception selon laquelle les apparences sont en fait des masques d'honnêteté et de bonté bien fragiles, si bien que la vérité faite d'impureté et d'égoïsme finira par triompher.

Il ne suffit pour cela que de circonstances favorables. Et Lorenzaccio, qui, en émule d'Hamlet, a fait l'expérience de cette évolution hideuse et irréversible (« [...] je ne puis me retrouver moi-même ni laver mes mains, même avec du sang ! », constate-t-il à la scène 5 de l'acte IV), éprouve un plaisir morbide à épier cette transformation monstrueuse : il la provoque chez Venturi et Bindo, en leur faisant accepter les faveurs ducales (acte II, scène 4) ; il y contribue, en aidant à corrompre Gabrielle (« Voir dans une enfant de quinze ans la rouée à venir ; étudier, ensemencer, infiltrer paternellement le filon mystérieux du vice dans un conseil d'ami, dans une caresse au menton [...], habituer doucement l'imagination qui se développe à donner des corps à ses fantômes, à toucher ce qui l'effraie, à mépriser ce qui la protège ! », acte I, scène 1) ; il la pressent chez Catherine (« J'allais corrompre Catherine », acte IV, scène 5) ; il la juge universelle (« Je crois que je corromprais ma mère, si mon cerveau le prenait à tâche », acte IV, scène 5).

À LA RECHERCHE DE RAISONS DE VIVRE

La croyance à un idéal

Comme ils ne peuvent supporter cette vision du monde, les écrivains romantiques tentent de la modifier, en engageant tout leur être dans des activités ou dans des certitudes qui donnent un sens à leur existence : ils se livrent à l'action politique, comme Lamartine ou Hugo, pensant ainsi contribuer à la transformation de la société ; ils misent, comme

Vigny, sur le triomphe de la technique qui, changeant les données de la vie, changera par là même le comportement des individus ; ils substituent au culte de la raison le culte de la sensibilité, comme Musset ou Lamartine.

Le dépaysement

Si ces expédients apparaissent dans toute leur vanité, et si les écrivains ne parviennent pas à se sentir bien, ni dans leur siècle, ni dans leur corps, ils essaieront de se bercer d'illusions, en utilisant des moyens d'évasion. Attirés par la nouveauté et le dépaysement, ils voyageront dans les pays étrangers, créateurs d'exotisme : ce sera l'Orient pour Lamartine et Nerval, l'Italie pour Musset.

Se rendant compte que partout les problèmes se posent de façon identique, que rien ne change, ils feront appel à l'irréel ou au merveilleux, en tentant la plongée dans un autre univers, comme Hugo ou Nodier. Constatant que le mal est au fond d'eux-mêmes, ils s'efforceront de sortir de leur monde intérieur, d'échapper à leur vie monotone, en menant une existence théâtrale, en prenant des poses, en construisant un autre être, en se livrant à toutes ces excentricités dont Musset et Gautier ont donné tant d'exemples remarquables. Cet état d'esprit, qui explique, en partie, l'élaboration du personnage de Lorenzaccio, Musset l'exprimait déjà dans sa pièce précédente, en faisant dire à Fantasio :

> Quelle admirable chose que *Les Mille et une Nuits* ! Ô Spark ! mon cher Spark, si tu pouvais me transporter en Chine ! Si je pouvais seulement sortir de ma peau pendant une heure ou deux ! Si je pouvais être ce monsieur qui passe.

Acte I, scène 2 de *Fantasio*.

Mais cette recherche débouche elle aussi sur l'impasse de l'échec. Tout se noie dans la mesquinerie. Même la nature est décevante, Fantasio le constate avec une ironie amère :

> Comme ce soleil couchant est manqué ! La nature est pitoyable ce soir. Regarde-moi un peu cette vallée là-bas, ces quatre ou cinq méchants nuages qui grimpent sur cette montagne. Je faisais des paysages comme celui-là, quand j'avais douze ans.

Acte I, scène 2 de *Fantasio*.

Les « paradis artificiels »

Alors, il faut aider à l'évasion. Alors, il faut avoir recours à ces « paradis artificiels » que les romantiques cultivent bien avant les symbolistes. Pour oublier le monde décevant, il faut se livrer au dérèglement des sens. Et tous les moyens sont bons : le vin, dont Musset abusait, et dont Lorenzaccio use lui aussi immodérément (« Peste soit de l'ivrogne et de ses farces silencieuses ! », dit de lui le provéditeur, acte I, scène 2) ; la débauche, pratiquée par Musset, comme par Lorenzaccio (« Mais j'aime le vin, le jeu et les filles », reconnaît-il, à la scène 3 de l'acte III) ; la maladie, en partie conséquence de cette intempérance, qui n'a pas ménagé Musset, et qui n'épargne pas Lorenzaccio (« Regardez-moi ce petit corps maigre, ce lendemain d'orgie ambulant. Regardez-moi ces yeux plombés, ces mains fluettes et maladives », tel est le portrait peu flatteur que le duc fait de lui (acte I, scène 4).

L'exaltation de la sensibilité

Ainsi pourra-t-on atteindre à cette exaltation de la sensibilité qui entraînait Musset dans des hallucinations, lui faisait voir « Un étranger vêtu de noir », son double qui lui ressemblait « comme un frère »[1], et qui conduit Lorenzaccio au bord du délire, qui l'amène, dans la scène du meurtre simulé, à libérer son inconscient en un torrent de mots :

> Meurs, infâme ! Je te saignerai, pourceau, je te saignerai ! Au cœur, au cœur ! il est éventré. – Crie donc, frappe donc, tue donc ! Ouvre-lui les entrailles ! Coupons-le par morceaux, et mangeons, mangeons ! J'en ai jusqu'au coude. Fouille dans la gorge, roule, roule ! Mordons, mordons, et mangeons !
>
> Acte III, scène 1.

Mais, contrairement à Musset, il manque à Lorenzaccio les deux divinités qui justifient la débauche de la sensibilité : l'amour et l'art.

1. *Nuit de décembre* (1835).

11 Les interprétations de *Lorenzaccio*

Jusqu'au premier tiers du XXe siècle, les critiques se montrent réticents dans les jugements qu'ils portent sur *Lorenzaccio.* Il s'agit là en fait d'une attitude générale envers l'ensemble du théâtre de Musset. Ce qu'on apprécie alors en lui, c'est le poète, l'auteur des *Nuits.* Quant à son talent de dramaturge, il est mis en doute. Son écriture théâtrale est rarement approuvée. On l'accuse volontiers d'invraisemblances. On considère que c'est pour la lecture qu'il a conçu son théâtre, qu'on a donc tendance à juger sur ses vertus littéraires plus que sur sa valeur dramaturgique.

Aucune représentation de *Lorenzaccio* ne se déroule d'ailleurs du vivant de son auteur. Les raisons politiques – la pièce était considérée comme subversive – expliquent autant que les difficultés techniques cette mise à l'écart. La création n'a lieu qu'en 1896 au Théâtre de la Renaissance à Paris. Il s'agit en fait d'une version très remaniée due à Armand d'Artois. La grande Sarah Bernhardt assure la mise en scène et interprète le personnage de Lorenzaccio. Dans un décor réaliste, elle insiste plutôt sur la signification psychologique et gomme la dimension politique. Vêtue de noir, elle joue, comme à son habitude, sur les attitudes et sur les expressions du visage : « [...] dès la première scène, souligne Félix Duquesnel dans son compte rendu, l'effet est saisissant, cet être pâle, maladif, ce corps d'éphèbe à demi courbé [...], tout cela est d'une vérité terrifiante. »

La tradition de confier le rôle de Lorenzaccio à une femme est désormais établie et a pour effet de renforcer le caractère efféminé du personnage. Elle marque, en particulier, l'entrée de l'œuvre à la Comédie-Française en 1927. Dans une adaptation et une mise en scène d'Émile Fabre qui affiche un souci de reconstitution historique, le rôle principal est interprété par Marie-Thérèse Piérat.

À partir des années trente, la vision évoluera progressivement. Musset prendra un autre visage. Ce que l'on va maintenant louer en lui, plus ou moins au détriment de son œuvre poétique, c'est justement ce qui lui était refusé, le génie dramatique. Il apparaîtra comme le grand dramaturge du XIXe siècle : ses pièces, en particulier *Lorenzaccio*, seront posées comme les seules réussites théâtrales du romantisme.

Les mises en scène se diversifient. L'on tend à revenir à la version originale de la pièce, mais la tentation de couper et de modifier un texte dense et difficile à monter demeure. En 1945, Gaston Baty insiste, à son tour, sur l'aspect somptueux et grandiose de Florence où évolue un Lorenzaccio incarné par Marguerite Jamois.

En 1952, c'est le grand tournant dans l'histoire de la pièce. C'est enfin un comédien qui se charge du personnage de Lorenzaccio. Gérard Philipe joue le rôle et, conseillé par Jean Vilar, assure la mise en scène. Les représentations ont lieu en plein air, lors du festival d'Avignon, ce qui permet de rendre avec bonheur ces mouvements de foule si importants dans le déroulement de l'action. Vêtu d'un pourpoint noir agrémenté de flammes rouges, Gérard Philipe excelle à dégager l'ambiguïté du personnage à la fois faible et héroïque, perverti et attiré par un idéal inaccessible. Il insiste également sur la signification politique de la pièce qui apparaît comme la tragédie de la mort de la liberté.

Plus près de nous, en 1969, Guy Rétoré souligne, à son tour, la dimension politique : pour lui, Musset a voulu, à la fois, représenter la situation de son époque et poser le problème général de la tyrannie. Le caractère symbolique du décor est là pour le suggérer, tandis que Gérard Désarte incarne un Lorenzo, symbole universel de l'engagement.

En 1976, dans la mise en scène de Franco Zeffirelli, Florence occupe une place centrale, est un véritable personnage. Francis Huster interprète un Lorenzaccio complexe, terrifiant et pur, poussé par trois impulsions : son amour pour le duc, sa conception politique et son obsession de la mort.

QUELQUES CITATIONS

« La cour ! le peuple la porte sur le dos, voyez-vous ! » (l'orfèvre, acte I, scène 2).

« Qu'il t'est facile à toi, dans le silence du cabinet, de tracer une ligne mince et pure comme un cheveu sur ce papier blanc ! » (Philippe, acte II, scène 1).

« Réaliser des rêves, voilà la vie du peintre. » (Tebaldeo, acte II, scène 2).

« L'enthousiasme est frère de la souffrance. » (Tebaldeo, acte II, scène 2).

« Quand je suis en pointe de gaieté, tous mes moindres coups sont mortels. » (Alexandre, acte II, scène 6).

« Ô ma vengeance ! qu'il y a longtemps que tes ongles poussent ! » (Lorenzaccio, acte III, scène 1).

« Vous qui savez aimer, vous devriez savoir haïr. » (Pierre à propos de Philippe, acte III, scène 2).

« Prends garde à toi, Philippe, tu as pensé au bonheur de l'humanité. » (Lorenzaccio, acte III, scène 3).

« Le vice a été pour moi un vêtement ; maintenant, il est collé à ma peau. » (Lorenzaccio, acte III, scène 3).

« [...] dans deux jours, les hommes comparaîtront devant le tribunal de ma volonté. » (Lorenzaccio, acte III, scène 3).

« Allons, allons, ton petit rôle de femme, et de vraie femme, te va si bien. » (le duc à la marquise Cibo, acte III, scène 6).

« [...] je crois que je corromprais ma mère, si mon cerveau le prenait à tâche. » (Lorenzaccio, acte IV, scène 5).

BIBLIOGRAPHIE SOMMAIRE

Le romantisme

– Maurice Descotes, *Le Drame romantique et ses grands créateurs* (PUF, 1954). Cette étude fournit de précieuses indications sur les conditions de création et de représentation des pièces marquantes du romantisme.
– Louis-Verdun Saulnier, *La littérature française du siècle romantique* (PUF, collection « Que sais-je ? », 1969). Une étude qui donne le point des recherches sur la littérature du XIXᵉ siècle.

La vie et l'œuvre de Musset

– Léon Lafoscade, *Le Théâtre d'Alfred de Musset* (Nizet, 1966). Une étude d'ensemble de l'œuvre théâtrale.
– Yves Layney, *Musset ou la difficulté d'aimer* (SEDES, 1978). Une analyse de la conception de l'amour chez Musset.
– Philippe Soupault, *Alfred de Musset* (Seghers, collection « Poètes d'aujourd'hui », 1966), qui contient un choix intéressant de textes.

Études sur *Lorenzaccio*

– Éric L. Gans, *Musset et le drame tragique* (José Corti, 1974). Toute la dimension tragique de *Lorenzaccio* y est notamment soulignée.
– André Lebois, *Vues sur le théâtre de Musset* (Avignon, Éditions Aubanel, 1966). Le chapitre 1, consacré à *Une analyse spectrale* de Lorenzaccio, fouille la pièce jusque dans ses moindres recoins.
– Bernard Masson, *Musset et son double : lecture de* Lorenzaccio (Minard, 1978). Contient, à côté d'une interprétation moderne de l'œuvre, des indications intéressantes sur les conditions de sa rédaction.
– Maurice Toesca, *Alfred de Musset ou l'amour de la mort* (Hachette, 1970). Analyse un des thèmes essentiels de *Lorenzaccio.*

INDEX DES THÈMES ET NOTIONS

LITTÉRATURE

TEXTES EXPLIQUÉS

160 **Apollinaire,** Alcools
131 **Balzac,** Le père Goriot
141/142 **Baudelaire,** Les fleurs du mal / Le spleen de Paris
135 **Camus,** L'étranger
159 **Camus,** La peste
143 **Flaubert,** L'éducation sentimentale
108 **Flaubert,** Madame Bovary
110 **Molière,** Dom Juan
166 **Musset,** Lorenzaccio
161 **Racine,** Phèdre
107 **Stendhal,** Le rouge et le noir
104 **Voltaire,** Candide
136 **Zola,** Germinal

ORAL DE FRANÇAIS

- **12 sujets corrigés**

167 **Baudelaire,** Les fleurs du mal
168 **Molière,** Dom Juan
175 **Flaubert,** Madame Bovary
176 **Voltaire,** Candide

- **Groupement de textes**

94 La nature : Rousseau et les romantiques
95 La fuite du temps
97 Voyage et exotisme au XIXe siècle
98 La critique de la société au XVIIIe siècle
106 La rencontre dans l'univers romanesque
111 L'autobiographie
130 Le héros romantique
137 Les débuts de roman
155 La critique de la guerre
174 Paris dans le roman au XIXe siècle

HISTOIRE LITTÉRAIRE

114/115 50 romans clés de la littérature française
119 Histoire de la littérature en France au XVIe siècle
120 Histoire de la littérature en France au XVIIe siècle
139/140 Histoire de la littérature en France au XVIIIe siècle
123/124 Histoire de la littérature et des idées en France au XIXe siècle
125/126 Histoire de la littérature et des idées en France au XXe siècle
128/129 Mémento de littérature française
151/152 Le théâtre, problématiques essentielles
174 25 pièces de théâtre de la littérature française
179/180 La tragédie racinienne
181/182 Le conte philosophique voltairien
183/184 Le roman d'apprentissage au XIXe siècle

PRATIQUE

100 EXERCICES

501 L'accord du participe passé
502 L'orthographe
503 La grammaire
504 Les fautes de français les plus courantes
505 Le vocabulaire
506 S'exprimer avec logique
507 Mieux rédiger
508 Les pièges de la ponctuation

EXPRESSION ÉCRITE ET ORALE

306 Trouvez le mot juste
307 Prendre la parole
310 Le compte rendu de lecture
311/312 Le français sans faute
323 Améliorez votre style, tome 1
365 Améliorez votre style, tome 2
342 Testez vos connaissances en vocabulaire
426 Testez vos connaissances en orthographe
390 500 fautes de français à éviter
391 Écrire avec logique et clarté
398 400 citations expliquées
415/416 Enrichissez votre vocabulaire
424 Du paragraphe à l'essai

EXAMENS

422/423 Les mots clés du français au bac
303/304 Le résumé de texte
417/418 Vers le commentaire composé
313/314 Du plan à la dissertation
324/325 Le commentaire de texte au baccalauréat
394 L'oral de français au bac
421 Pour étudier un poème
317/318 Bonnes copies de bac, Le commentaire composé
319/320 Bonnes copies de bac, Dissertation, essai
363/364 Bonnes copies de bac, Technique du résumé et de la discussion

PROFIL CASSETTE

601 **Stendhal,** Le rouge et le noir
602 **Balzac,** Le père Goriot
603 **Voltaire,** Candide
604 **Baudelaire,** Les fleurs du mal
605 **Molière,** Dom Juan
606 **Racine,** Phèdre

Imprimé en France par l'Imprimerie Hérissey – 27000 Évreux
Dépôt légal : 15683 – Novembre 1996 – N° d'impression : 75043